도시계획기술사가 알려 주는

토지개발
가이드북

도시계획기술사가 알려 주는
토지개발 가이드북

초판 1쇄 발행 2024년 1월 12일

지은이 이승우
펴낸이 장길수
펴낸곳 지식과감성#
출판등록 제2012-000081호

교정 김서아
디자인 정윤솔
편집 정윤솔
검수 한장희
마케팅 김윤길, 정은혜

주소 서울시 금천구 벚꽃로298 대륭포스트타워6차 1212호
전화 070-4651-3730~4
팩스 070-4325-7006
이메일 ksbookup@naver.com
홈페이지 www.knsbookup.com

ISBN 979-11-392-1588-5(03320)
값 20,000원

- 이 책의 판권은 지은이에게 있습니다.
- 이 책 내용의 전부 또는 일부를 재사용하려면 반드시 지은이의 서면 동의를 받아야 합니다.
- 이 책에는 네이버에서 제공한 나눔글꼴이 적용되어 있습니다.
- 잘못된 책은 구입하신 곳에서 바꾸어 드립니다.

지식과감성#
홈페이지 바로가기

도시계획기술사가 알려 주는
토지가치를 높이는 노하우

도시계획기술사가 알려 주는
토지개발 가이드북

이승우 지음

추천사

도시계획에 몸을 담은 지 30년이 지나고야 도시계획이 뭔지 어렴풋이나마 윤곽이 그려진다.

자본주의는 한정된 지역으로 인구와 산업의 집중을 불러왔고, 그로 인해 점점 열악해지는 도시환경은 삶의 수준을 저하시킬 뿐만 아니라, 팽창하려는 산업에게까지도 지장을 주게 되었다.

도시가 사람들이 원하는 기능을 하게 하기 위해서는 무언가의 대책이 필요했다. 모든 사람이 필요하지만 누구도 나서서 하지 않은 일, 바로 국가가 도시계획을 하는 것이었다.

큰 꿈을 안고 시작한 도시계획은 바로 돈이라고 하는 높은 벽에 부딪힌다. 무엇을 하든 돈이 필요하지만 막 현대국가의 형태를 갖추기 시작한 정부는 그 엄청난 비용을 마련할 방법이 없었다. 결국 개인과 시장에 기댈 수밖에 없었다.

이제 도시계획은 정부만의 몫이 아니라 시장과 함께 해야만 하는 단계로 들어갔고 시장의 역할은 점점 더 커져 갔다. 우리나라도 그 길에서 벗어나지 않았다. 급격한 산업화와 도시화로 인한 도시환경의 악화는 개선에 대한 목소리를 높였고 도시개발과 정비가 도시계획의 주요 수단으로 등장하였다.

도시계획이 목적달성을 위해 시장에 기대는 순간, 시장은 그 자체의 논리로 대응하기 시작한다. 모든 사람이 필요로 하는 도시계획의 수단이 어떤 사람에게는 짭짤한 이익을 얻을 수 있는 대상이 된 것이다. 이제 도시계획은 한편으로는 공공의 이익을 위해서, 다른 한편으로는 이익 추구의 수단이 되기도 한다.

도시계획의 과정을 통해 토지개발이 이루어지고, 많은 사람들은 "부동산개발"이라는 이름으로 각자의 방법으로 도시계획에 참여하여 이익을 추구하게 되었다. 그렇지만 많은 법적 규제와 절차는 여전히 전문가만이 또는 꽤나 오랫동안 궁리를 한 사람들만이 들어갈 수 있도록 높은 장벽을 세우고 있다.

개발과 정비라는 수단을 통한 도시계획에 쉽게 접근할 수 있는 방법을 찾는 일은 쉬운 일이 아니다. 알기도 어려울 뿐만 아니라, 남들에게 설명하기란 더욱 어렵다.

마침, 이 분야에서 오랫동안 일하면서 쉽게 접근하기 어려운 사례들을 쉬운 용어로 풀어낸 이 책은 일반인이 도시계획의 한 분야인 도시개발과 정비에 용이하게 접근하는 데 큰 역할을 할 것으로 기대한다.

책을 한 권 만드는 데는 그 무게만큼의 피를 쏟아야 가능하다. 본업에 힘을 쏟기도 어려울 텐데, 스스로 어려움을 감수하면서 도시계획의 지평을 넓혀 준 이승우 기술사의 노고에 진심으로 감사드린다.

대한국토·도시계획학회장 김찬호(중앙대학교 교수)

머리말

    토지개발사업의 첫 걸음은 토지 확보라고 할 수 있다. 이보다 더 중요한 것은 토지 확보를 위한 사전 확인이다. 즉, 용도지역, 토지컨디션, 해당 지자체의 입장 등을 파악해야 한다. 인허가의 시행착오를 최소화하여 인허가 기간을 단축하고 사업성을 제고시킬 수 있는 지름길이기 때문이다.

    부동산 측면에서 도시계획 업무는 일정 규모 이상의 토지를 사업시행자가 원하는 용도와 규모로 개발할 수 있도록 지원해 준다. 즉, 사업 초기에 리스크를 진단하고, 인허가를 통해 토지 가치를 높여 주는 토지개발 전문서비스이다.

    책의 부제에서 알 수 있듯이 필자는 도시계획기술사이다. 필자가 대표로 있는 국토비전컨설팅은 안정적인 토지 개발을 지원하기 위해 2022년 5월부터 "지금;EZ"라는 토지개발컨설팅 서비스를 시작하였다. 이 서비스의 궁극적인 목표는 합리적이고 체계적인 토지개발 솔루션 제공이다. 여기에는 2가지의 업무 구분이 있다. 첫째, 토지 가격이 저렴한 비시가화지역을 주거, 상업, 공업지역으로 개발하는 것이다. 둘째, 건축물 용도와 규모 등을 다변화하고 극대화시켜 토지의 부가가치를 높이는 것이다.

필자는 "지금;EZ" 서비스를 좀 더 효과적이고 직관적으로 안내하고자 가이드북을 집필하게 되었다. 이 책의 구성은 총 3장이다. 1장은 총론이며, 5가지의 체크포인트별로 설명 도면과 관계도 등을 구성하여 독자들의 이해를 돕도록 하였다. 2장은 1장의 체크포인트 사례, 3장은 실제 적용되는 개발방식 검토 사례이다. 원활한 이해와 활용을 위해 '주요 용어'와 '궁금합니다!', '관련 신문 기사 인용', 'Q&A' 등을 책 내용 중간 중간에 기술하였다. 특히 '주요 용어'는 본문을 보기 전에 반드시 먼저 읽어 보기를 권한다. 토지개발에 대한 기초 지식과 경험이 있다면, 목차를 보고 흥미로운 부분부터 읽어도 좋다. 토지개발에 관심이 있어 책을 구입한 독자들은 순서대로 읽는 것을 추천한다.

토지개발은 개발 근거법과 해당 지자체의 정책에 따라 시시각각 변화한다. 같은 법이라고 하더라도 지자체마다 세부적인 운영은 차이가 있을 수 있다. 책에서 소개하는 사례는 국토비전컨설팅을 창업하고 지난 6년 동안 다양한 토지개발사업에 대한 검토서 작성과 컨설팅을 하면서 축척한 노하우가 집약되어 있다. 토지개발의 A~Z까지 모든 내용을 지면으로 다루는 데는 한계가 있고 내용도 방대하다. 관련 자료는 가급적 최신 내용을 수록하려고 하였으나 반영이 안된 부분이 있을 수 있으니 미리 양해를 구한다.

이 책의 기획과 자료 수집, 원고 검토 등에 대해 국토비전컨설팅의 모든 직원이 참여하였다. 특히 박진수 이사, 김은지 과장 등은 정말 중요한 역할을 하였고, 그 외 직원들도 많은 수고가 있었다. 국토비전 컨설팅의 임직원에게 다시 한번 머리 숙여 감사한 마음을 전한다.

  끝으로 이 책을 집필하는 동안 주말과 휴일에 상관없이 사무실에 가는 것에 한 번도 싫은 내색 없이 항상 응원해 준 아내와 아이들에게 사랑하는 마음을 전한다.

문정동 사무실에서
2023. 11.

주요 용어

근거법

우리나라에서 토지개발을 하려면 적용하려는 근거법을 우선 확인해야 한다. 모든 토지개발은 "근거법으로 시작해서 근거법으로 끝나기" 때문이다. 본문 안의 모든 법령은 독자들의 원활한 이해를 위해 약칭으로 표기하였다.

예) 「국토의 계획 및 이용에 관한 법률」 → 「국토계획법」
「산업단지 인허가 절차 간소화를 위한 특례법」 → 「산업단지 절차 간소화법」

의제

각종 개발계획 인허가 시 위원회 심의 등을 받지 않고 관계 기관 협의만으로 동일한 효력을 주는 절차이다.

예) 도시개발사업 실시계획 인가 시 용도지역 변경, 도시계획시설 결정 등이 의제된다는 의미 → 원래 도시계획위원회 심의를 받아야 하나, 관계 기관 협의만으로 도시계획 결정 효력 발생

지침

지침은 근거법의 내용을 좀 더 세부적이고 구체적으로 정리한 내용으로, 근거법의 보조적 수단이라고 할 수 있다. 지침도 법적 구속력이 있으니 인허가 시 근거법과 지침을 같이 확인해야 한다.

도시기본계획

도시기본계획은 계획 인구와 시가화예정용지 물량을 배분하고 있다. 일정 규모 이상의 토지개발사업은 해당 물량을 근거로 하여 개발사업 인허가를 진행할 수 있다.

약칭) 도시·군기본계획 → 도시기본계획

도시관리계획

도시관리계획은 도시기본계획을 좀 더 구체화하여 법적 구속력을 갖는 도시계획이다. 도시계획의 주요 내용은 용도지역·지구·구역, 도시계획시설, 지구단위계획 등의 결정(변경)이 있다.

약칭) 도시·군관리계획 → 도시계획

용도지역·지구·구역

도시계획을 통해 결정되는 용도지역·지구·구역은 지정 목적에 따라 건축물의 용도와 규모(높이, 용적률, 건폐율) 등에 대하여 차등적인 법적 구속력을 가진다.

건축물의 용도와 규모에 대한 구속력을 갖춘 용도지역은 우리나라 모든 땅에 지정하고 있다. 용도지구는 용도지역을 보완하기 위해 규제와 개발 목적에 따라 필요한 대상지에 지정하고 있다. 용도구역은 용도지역과 용도지구를 보완하기 위한 제도이다. 대부분 규제 목적으로 필요한 대상지에 지정하고 있다. 용도지구·구역은 건축물의 용도와 규모 중에서 지정 목적에 따라 강화하거나 완화하고 있다.

도시계획시설

도시계획시설은 도시민에게 도시생활서비스를 제공하는 공공재이다. 교통, 공간, 유통 및 공급, 공공·문화체육, 방재, 보건위생, 환경기초시설 등 7개로 구분되며, 46개 시설로 세분된다. 사업대상지 내 도시계획시설은 토지개발에 있어 대부분 리스크 요인이 되나, 도로는 입지의 장점이 될 수도 있다. 도시계획시설은 민간 제안이 가능하다.

약칭) 도시·군계획시설 → 도시계획시설

기간도로

진입도로가 접속하는 8m 이상의 도시계획도로, 국도, 지방도 등이며, 일반적으로 진입도로보다 도로폭이 크거나 같은 경우가 많다.

지구단위계획

지구단위계획은 용도지역의 바탕 위에 획지별로 건축물의 용도와 용적률, 건폐율, 높이 등의 건축물 규모를 정하는 입체적 도시계획이다. 도시지역과 비도시지역에 따라 구분되며, 지구단위계획 수립 내용의 차이가 있다. 도시지역은 지정 목적에 따라 다양하게 구분되며, 비도시지역은 주거형, 산업유통형, 관광휴양형 등으로 구분된다. 지구단위계획은 민간 제안이 가능하다.

용적률

지구단위계획에서 적용하는 용적률은 일반적으로 기준용적률, 허용용적률, 상한용적률, 개발용적률 4가지이다.

- 기준용적률: 지자체 도시계획 조례에서 허용하는 용적률 범위 안에서 인센티브 적용 기준이 되는 용적률
- 허용용적률: 기준용적률에서 지구단위계획의 용적률 완화 지침 준수 시 적용하는 인센티브를 합산하는 용적률
- 상한용적률: 건축주가 기부채납 시 계산식에 의해 기준용적률과 허용용적률 외에 추가로 인정하는 용적률
- 개발용적률: 상한용적률 범위 내에서 실질적으로 개발 시 적용받는 용적률(개발용적률≤상한용적률)

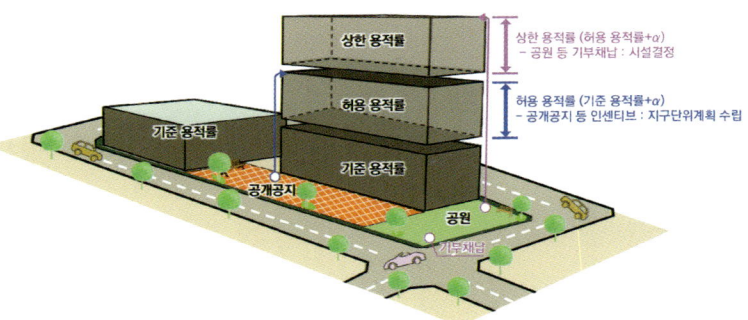

준주택

「주택법」에서 정하고 있는 준주택의 범위는 일반기숙사, 임대기숙사, 고시원(500㎡ 미만), 숙박시설 중 다중생활시설, 노인복지주택, 오피스텔이다.

영향평가

토지개발사업으로 발생되는 악영향을 최소화하기 위해 교통, 환경, 재해 등의 영향을 검토하여 평가하는 제도이다. 평가 근거법에 따라 평가 대상이 달라진다.

<영향평가의 종류>

환경	교통	교육
전략환경영향평가 환경영향평가 소규모 환경영향평가	교통영향평가	 교육영향평가
재해	에너지	지하안전
 재해영향성검토 재해영향평가 소규모 재해영향평가	 에너지사용계획	 지하안전평가 소규모 지하안전평가

용어 검색

토지개발 용어 관련 홈페이지를 통해 검색하면 전문용어에 대해 좀 더 구체적인 내용과 의미를 파악할 수 있다.

토지이음 용어사전

https://www.eum.go.kr

서울도시계획포털 알기 쉬운 도시계획 용어

https://urban.seoul.go.kr

CONTENTS

추천사   4
머리말   6
주요 용어   9

제1장
토지개발 체크포인트

내 땅의 가치를 알아야 한다   20
  토지개발의 첫걸음은 토지이용계획확인원이다   20
  용도지역·지구는 왜 확인해야 할까?   23
  타법 규제지역   30

토지컨디션은 왜 확인해야 할까?   33
  표고   34
  경사도   35
  생태자연도   36
  임상도   37

주변의 기반시설을 확인해야 한다   38
  진입도로   38
  학교   40
  공급처리시설(상·하수도)   42

땅을 잘 활용하려면 해당 시·군과 교감해야 한다   44
  도시기본계획의 물량은 왜 확인해야 할까?   45
  땅의 가치가 올랐으니 공공기여를 해야지요   48

땅의 가치를 높일 수 있는 최적의 개발방식을 찾아라!   52
  • 수도권 시·군의 용도지역별 용적률   54

제2장
토지개발 체크포인트
Case Study

내 땅의 가치 Case Study   58
   주거용지   58
   산업(물류)용지   67
   관광용지   72

토지컨디션 Case Study   75
   경사도   75
   생태자연도   77
   임상도   78

주변의 기반시설 활용 Case Study   81
   진입도로   81
   학교 배정   90
   공급처리시설(상·하수도)   92

해당 시·군과 교감 Case Study   95
   도시기본계획 인구 및 시가화예정용지 물량   95
   지자체 정서   98
   공공기여(기부채납)   102

제3장
최적의 개발방식을 찾아라!
Case Study

주거용지   **118**
  도시개발사업   118
  지구단위계획   128
  주택건설사업   131
  • 주거용지 개발 Q&A   151

산업(물류)용지   **156**
  산업단지 개발사업   156
  물류단지 개발사업   161
  산업유통형 지구단위계획   166
  개발행위허가   168
  • 산업(물류)용지 개발 Q&A   179

관광용지   **183**
  관광휴양형 지구단위계획   183
  관광단지 개발사업   186
  농어촌관광단지 개발사업   189
  • 관광단지 지정 현황   194
  • 관광용지 개발 Q&A   212

사전협상제와 용도용적제   **216**
  사전협상제   217
  용도용적제   229
  • 사전협상제와 용도용적제 Q&A   239

제1장

토지개발 체크포인트

내 땅의 가치를 알아야 한다

토지개발의 첫걸음은 토지이용계획확인원이다

여러분이 소유하고 있거나 투자하려는 땅에 대한 가치를 알고 싶다면 어떻게 해야 할까? 이 질문의 답은 토지이용계획확인원에 있다.

토지이용계획확인원에는 지목, 면적, 공시지가, 지역·지구 등 지정 여부, 확인도면 등 토지 가치와 관련한 중요한 정보가 담겨져 있다.

① 지목은 토지의 주된 용도에 따라 대지, 임야, 전, 답, 도로 등 총 28개로 구분한다. 「공간정보관리법」을 근거로 하며, 지적 공부에 등록되어 있다.
② 면적은 ㎡로 표현하며, 평으로 환산 시 0.3025를 곱하면 된다.
③ 개별 공시지가는 정부에서 매년 발표하는 개별 필지에 대한 ㎡당 토지 가치이다. 국세 및 지방세, 개발 부담금 등 각종 부담금의 부과 기준이 된다.
④ 지역·지구 등 지정 여부이다. 지역·지구는 토지이용의 다양한 규제와 목적을 달성하기 위해 지정한다. 지정 내용에 따라 해당 토지 가치와 개발 가능성이 달라진다. 토지의 가치를 직관적으로 확인할 수 있으며, 크게 2개로 구분한다.

    첫째, 「국토계획법」에 따른 지역·지구이다. 「국토계획법」에서 도시계획으로 결정한 용도지역·지구·구역, 도시계획시설 등이 있다.

    둘째, 다른 법령 등에 따른 지역·지구이다. 「국토계획법」 이외 다수의 법령에서 지정한 지역·지구에 관한 내용이다.

⑤ 확인도면에는 해당 지번의 토지 형상, 도시계획 내용이 지적선 위에 담겨져 있다. 용도지역·지구·구역과 도시계획시설 등이 함께 표시되어 있어 해당 지번에 대한 도시계획을 한눈에 파악할 수 있다.

① 지목

② 면적

③ 개별 공시지가

④ 지역·지구 등 지정 여부

  ❶ 「국토계획법」에 따른 지역·지구 등
   ◦ 용도지역은 자연녹지지역이다. 도시지역 중 하나이며, 도시지역의 녹지 공간 확보를 위한 지역으로 제한적인 개발이 허용된다.
   ◦ 도시계획시설 중 소로가 결정되어 있다. 해당 필지에 도로가 계획되어 있어 대상지의 접근성이 좋다고 할 수 있다.

  ❷ 다른 법령 등에 따른 지역·지구 등
   ◦ 자연보전권역은 수도권 중 경기도에서 자연환경 보전이 필요한 지역에 지정한다. 일정 규모 이상의 개발에 제약이 있으며, 대규모 인구가 발생되는 시설은 입지가 어렵다.
   ◦ 수질보전특별대책지역은 지역 환경에 악영향을 미치는 공장 등에 대해 원칙적으로 개발을 불허하고 있다.

⑤ 확인도면

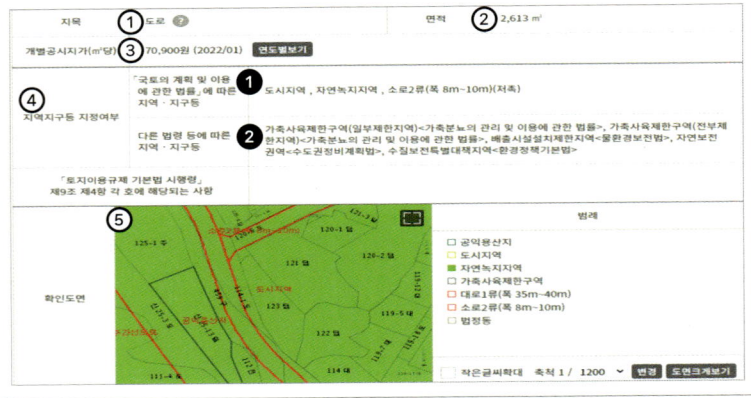

출처: 토지이음 홈페이지(https://www.eum.go.kr)

용도지역·지구는 왜 확인해야 할까?

우리나라의 모든 땅에는 용도지역이 지정되어 있다. 용도지역은 크게 도시지역(주거, 상업, 공업, 녹지지역)과 비도시지역(관리지역, 농림지역, 자연환경보전지역)으로 구분한다. 도시지역은 우리나라 땅의 16.7%를 차지하며, 이 중에서 주거, 상업, 공업지역은 24.3%밖에 되지 않는다. 용도지역에 따라 해당 토지에서 건축할 수 있는 용도와 규모가 달라진다. 건축물의 용도는 허용용도와 불허용도로 관리하고, 건축물의 규모는 용적률, 건폐율, 높이 등으로 관리한다.

용도지역별 건축물의 허용용도와 규모는 「국토계획법」과 시·군의 도시계획 조례를 각각 확인해야 한다.

<용도지역 지정 현황>

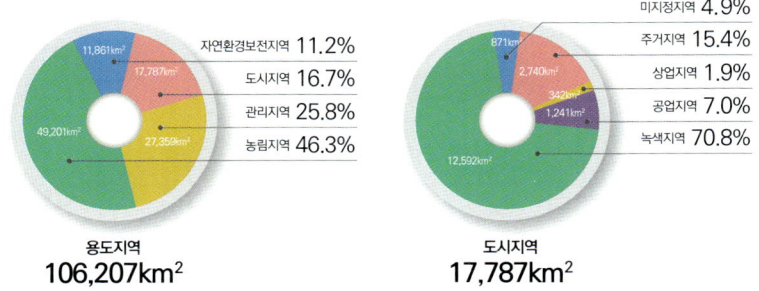

출처: 국토교통부, 2023년 보도자료

용도지역별로 정한 건축물의 허용용도와 규모는 영구적이지 않다. 「국토계획법」과 도시계획 조례는 국가 정책과 사회적 이슈, 지역 여건 등에 따라 변화하기 때문이다. 즉 과거에 허용되지 않은 용도가 현재는 허용될 수도 있고, 건축물 규모도 증감할 수 있다.

개발이 용이한 용도지역 VS 어려운 용도지역

용도지역은 토지의 이용 실태 및 특성, 장래의 토지이용 방향과 지역 간 균형 발전 등을 고려하여 대분류 7종, 세분류 21종으로 구분한다. 용도지역 세분류 간에는 토지개발 인허가의 난이도 차이가 있다.

일정 부분 개발이 되어 있고, 기반시설이 확보되어 개발이 상대적으로 용이한 용도지역인 주거·상업·공업지역을 묶어서 시가화지역이라고 한다. 시가화지역은 국토 면적의 약 4%밖에 되지 않아 희소성의 가치가 높다. 또한 비시가화지역에 비해 다양한 용도의 건축물을 크게 개발할 수 있어 토지 가격이 높게 형성되어 있다.

<용도지역 구분>

출처: 서울특별시 도시계획포털

반대로 명칭에 '보전'이 들어가 있는 보전녹지지역, 보전관리지역, 자연환경보전지역은 되도록 피해야 한다. 「국토계획법」에서 상기 3개 용도지역의 지정 목적은 보전이기 때문이다. 환경영향평가 등 토지개발사업을 위한 인허가 과정에서 보전 목적의 용도지역은 개발을 가급적 억제하고 있다.

<비시가화지역 개발 난이도>

쉬움 ←——————————————————→ 어려움

| 계획관리지역 | 자연녹지지역 | 생산녹지지역
생산관리지역
농림지역 | 보전녹지지역
보전관리지역
자연환경보전지역 |

용도지역별 가치는 왜 차이가 나는가?

용도지역별로 건축물의 허용용도가 다르다. 개별 토지의 건축은 용도지역의 건축물 허용용도 내에서만 가능하다. 예를 들어 상업지역은 주거복합아파트, 오피스텔, 지식산업센터, 사무실, 상가 등 부가가치가 높은 용도로 다양하게 개발할 수 있다. 반면에 자연환경보전지역은 농어가주택, 초등학교 등 매우 제한적이고 부가가치가 낮은 용도로만 개발할 수 있다.

이와 더불어 건폐율과 용적률도 용도지역마다 차이가 난다. 같은 토지 면적에서 개발할 수 있는 건축 연면적이 용도지역에 따라 다르다. 예를 들어 1,000㎡의 땅에 일반상업지역은 법정용적률이 1,300%이므로 최대 개발가능 건축 연면적은 13,000㎡이다. 반면에 자연녹지지역은 용적률이 100%이므로 최대 건축 연면적은 1,000㎡에 불과하다. 같은 토지 면적에 개발할 수 있는 건축 연면적이 13배나 큰 일반상업지역이 자연녹지지역보다 비쌀 수밖에 없다.

<용도지역에 따른 건축물의 용도 및 용적률 차이>

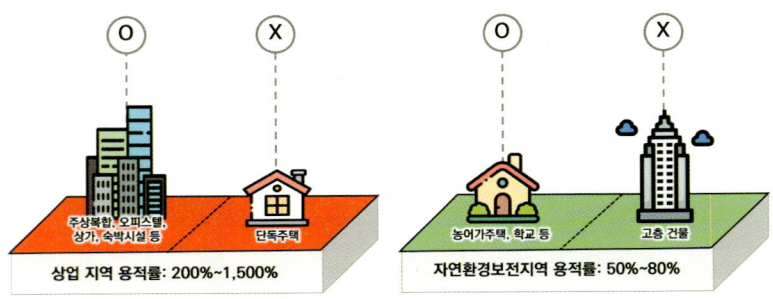

용도지역별 건폐율과 용적률, 건축물 허용용도는 지자체의 재량 범위 내에서 도시계획 조례로 정할 수 있다. 지자체별 도시계획 조례는 국가법령정보센터 홈페이지 자치법규 메뉴 또는 자치법규정보시스템 홈페이지에서 확인이 가능하다.

다음 표는 「국토계획법」의 용도지역별 건폐율과 용적률이다.

궁금합니다!

수도권 시·군의 도시계획조례에서 정한 용도지역별 용적률은 어떻게 되나요?

▶ 1장 마지막 내용에 표로 정리하였습니다. p.54, 55

<용도지역별 건폐율과 용적률>

용도지역			건폐율(%)	용적률(%)	비고
도시지역	주거지역	제1종전용주거지역	50	50-100	시가화지역
		제2종전용주거지역	50	100-150	
		제1종일반주거지역	60	100-200	
		제2종일반주거지역	60	100-250	
		제3종일반주거지역	50	100-300	
		준주거지역	70	200-500	
	상업지역	중심상업지역	90	200-1,500	
		일반상업지역	80	200-1,300	
		근린상업지역	70	200-900	
		유통상업지역	80	200-1,100	
	공업지역	전용공업지역	70	150-300	
		일반공업지역		150-350	
		준공업지역		150-400	
	녹지지역	자연녹지지역	20	50-100	비시가화지역
		생산녹지지역		50-100	
		보전녹지지역		50-80	
비도시지역	관리지역	계획관리지역	40	50-100	
		생산관리지역	20	50-80	
		보전관리지역	20	50-80	
	농림지역		20	50-80	
	자연환경보전지역		20	50-80	

출처: 「국토계획법 시행령」 제85조

<국가법령정보센터에서 도시계획 조례 검색하기>

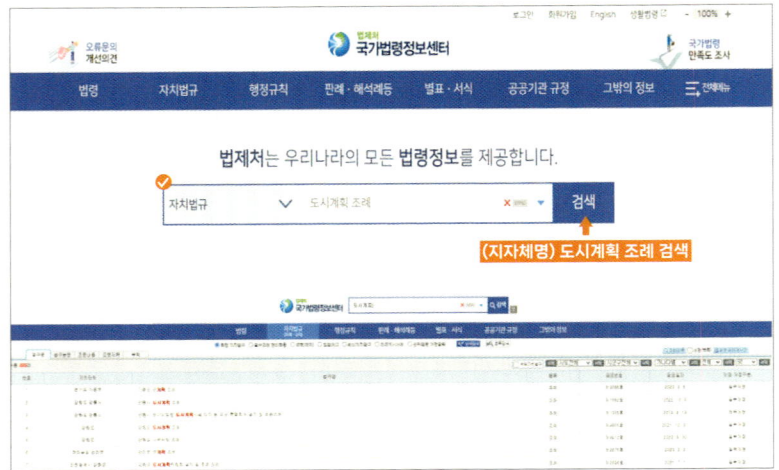

<자치법규정보시스템에서 도시계획 조례 검색하기>

개발이 어려운 용도지구와 용도구역

용도지구와 용도구역은 용도지역의 제한을 강화하거나 완화하려는 목적에 따라 필요한 대상지에 지정하고 있다. 토지개발에 제약이 있는 용도지구는 경관·보호지구이며, 용도구역은 대부분 규제 성격이다. 다만, 입지규제최소구역은 교통 여건 등이 좋은 지역에 적극적으로 개발을 지원하기 위한 용도구역이다. 토지개발이 어렵다는 의미는 개발이 가능하지만 인허가 과정에서 여러 제약 사항을 해소하기 위해 관련 절차와 자료가 필요하고, 인허가 기간도 장기간 소요된다는 것이다. 인허가 기간의 장기화는 사업성 저하와 직결되는 경우가 많으므로 되도록 피하는 것이 좋다.

<용도지구, 용도구역 개발 난이도>

용도지구	쉬움 ←		→ 어려움
	개발진흥지구 취락지구 복합용도지구	특정용도제한지구 고도지구 방화지구 방재지구	경관지구 보호지구
용도구역	입지규제최소구역		개발제한구역 도시자연공원구역 시가화조정구역 수산자원보호구역

도시계획시설 유무

도로, 공원 등의 도시계획시설이 사업대상지를 관통하거나, 접하여 있는지 파악해야 한다. 미개설된 도시계획도로가 포함된 대상지에 건축물을 배치할 경우 도로의 선형 변경이 가능한지 해당 지자체에 확인이 필요하다. 이때 대상지 개발계획(안)과 건축물 배치(안) 등을 준비해서 담당 공무원과 협의한다면 지자체의 의견 파악과 더불어 협의 기간을 단축할 수 있다.

또한, 미집행 도시계획시설은 언제 집행이 이루어지는지? 토지개발 시 기부채납 대상이 되는지? 등을 확인해야 한다.

토지이용계획확인원에서 파악이 안 되는 경우도 있다. 도시기본계획에서 공원으로 지정하였으나 도시계획에서 도시계획시설(공원)로 결정·고시를 하지 않은 경우이다. 법적으로 공원은 아니지만, 공원 예정지여서 개발하기가 상당히 어려우므로 해당 시·군청에 확인이 필요하다.

타법 규제지역

개발이 가능한 용도지역이고, 제반 여건이 좋다고 하더라도 타법에서 지정한 지역·지구는 개발의 제약 요인이 될 수 있다. 타법 규제지역은 인허가를 통해 해소가 가능한 지역·지구도 있지만, 개발이 어려운 지역·지구도 상당히 많다.

인허가를 통해 해소가 가능한 지역·지구 등

타법 규제지역 중 농업진흥지역과 보전산지는 전체 또는 일부에 대해 해소(전용)가 가능하다. 규모에 따라 허가·협의권자가 달라지므로 별도 확인이 필요하다. 아래 표는 농지전용과 산지전용의 허가와 협의에 대한 위임 사항이다.

<농지전용허가·협의 위임 사항>

농지전용 허가·협의 대상		시장·군수·구청장	시·도지사	농림축산식품부 장관
농지전용 허가 및 협의	농업진흥 지역	3천㎡ 미만	3천~3만㎡	3만㎡ 이상
	농업진흥 지역 밖	3만㎡ 미만	3만~30만㎡	30만㎡ 이상
주거·상업·공업지역 및 도시계획시설		3천㎡ 미만	3천~10만㎡	10만㎡ 이상

출처: 「농지법」

<산지전용허가·협의 위임 사항>

구분	시장·군수·구청장	시·도지사	산림청장
산지 50만㎡ 미만 보전산지 3만㎡ 미만	산림청장 소관이 아닌 산지	-	산림청장 소관 국유림
산지 50만~200만㎡ 보전산지 3만~100만㎡	-	산림청장 소관이 아닌 산지	산림청장 소관 국유림

출처: 「산지관리법」

개발이 어려운 지역·지구 등

개발이 어려운 지역·지구는 군사, 환경보전, 시설관리, 문화재 보존 등의 목적을 실현하기 위해 지정된다. 「군사기지법」, 「환경정책기본법」, 「문화재보호법」 등을 근거로 하고 있다. 아래 표의 지역·지구는 토지개발사업이 상당히 어렵다.

<개발이 어려운 지역·지구 등>

지정목적	지역·지구 등
군사목적	군사기지 및 군사시설 보호구역(통제보호구역, 제한보호구역), 대공방어협조구역
환경보전	특정도서, 절대보전무인도서, 절대보전지역, 백두대간보호지역(핵심구역, 완충구역), 야생생물(특별보호구역, 보호구역), 핵심관리구역, 생태·경관(보전지역, 핵심보전구역), 생태계보전지구, 경관보전지구, 산림보호구역, 보전산지, 수변구역, 오염행위 제한 지역, 건축 등 허가 제한 지역, 폐수배출시설 설치제한지역, 폐기물매립시설 설치제한지역, 해양(생물보호구역, 생태계보호구역, 경관보호구역), 환경보전해역, 상수원보호구역, 지하수자원보전지구, 자연공원, 국립공원, 도립공원, 군립공원, 공원자연(보존지구, 환경지구)
시설관리	비행안전(제1구역, 제2구역, 제3구역, 제4구역, 제5구역, 제6구역), 공항·비행장 개발예정지역, 산지전용·일시사용제한지역, 붕괴위험지역, 도로보전입체구역, 철도보호지구, 폐기물처리시설 입지
문화재보존	역사문화환경(보존육성지구, 특별보존지구), 전통사찰(보존구역, 역사문화보존구역), 지정문화재, 역사문화환경 보존지역, 보호구역, 임시지정문화재, 등록문화재, 세계유산구역, 세계유산완충구역, 역사문화권정비구역, 공원문화유산지구

토지컨디션은
왜 확인해야 할까?

 토지마다 표고, 경사도, 생태자연도, 임상도 등의 토지컨디션이 다르다. 인허가 관청이 토지개발사업의 제안을 받은 경우 사업의 적정성을 판단하기 위해 토지컨디션을 우선적으로 확인하고 있다. 토지컨디션은 대상지의 규모와 사업성, 인허가 가능 여부에 중요한 영향을 미친다. 즉, 토지컨디션에 따라 사업대상지 규모가 축소될 수 있으며, 실질적으로 개발할 수 있는 토지인 개발가용지도 줄어들 수 있어 사업성에 큰 영향을 미친다.

 최근 ○○시 골프장 조성 사업과 관련한 기사를 보면 토지컨디션의 중요성을 다시 한번 확인할 수 있다.

> **관련기사**　　　　　　　　　　　　　　**인허가 나기 어려운 땅에 골프장 강행**
>
> 골프장이 들어설 ○○산의 경사도는 25° 이상이 되는 곳이 전체 면적의 40% 이상을 차지한다. 36홀 골프장을 짓기 위해선 산을 엄청나게 깎을 수밖에 없다. 전략환경영향평가 보고서에서 골프장 개발로 인한 지형변화지수는 3이 넘어 일반적인 개발사업 지형변화지수(2~3)보다 크다.
> ○○시 도시계획위원회에서도 사업대상지 내 원형 보전 비율이 27%로 높고 경사도가 심한 곳이 많아 36홀은 무리라는 지적이 나온 것으로 알려졌다. ○○시 관계자는 "향후 환경청, 산림청 협의와 중앙산지관리위원회 심의 등을 거치면 홀수가 현저히 줄어들 가능성도 있다"고 말했다.

표고

땅의 높이 즉, 표고를 확인해야 한다. 일부 지자체는 개발이 가능한 토지의 높이를 도시계획 조례로 정하고 있다. 개별 사업법으로 토지를 개발하는 경우 표고는 거의 고려하지 않는다. 다만, 표고차가 큰 경우 부지조성 공사비가 많이 발생하고, 건축물이나 시설물 배치에 제약이 생길 수 있다.

구분	면적(㎡)	구성비(%)
총계	327,873	100.0
20m 이하	14,754	4.5
20~40m	38,361	11.7
40~60m	32,132	9.8
60~80m	87,542	26.7
80~100m	57,050	17.4
100m 초과	98,034	29.9

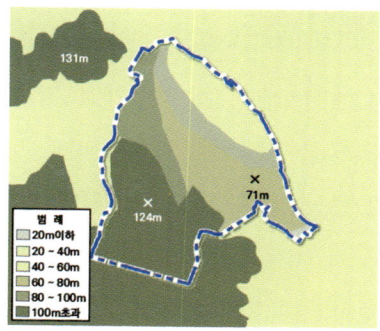

경사도

도시계획 조례에서 개발이 가능한 평균경사도를 정하는 경우가 있다. 「산지관리법」에서는 평균경사도 25° 이하만 산지의 개발이 가능하다. 평균경사도가 20°를 초과하는 경사지가 많이 분포하는 사업대상지는 재해 위험, 환경 훼손 등의 우려로 인허가 과정에서 보전 의견이 나올 가능성이 높다.

구분	면적(㎡)	구성비(%)
총계	327,873	100.0
5° 이하	153,592	46.8
5~10°	32,300	9.9
10~15°	45,838	14.0
15~20°	54,038	16.5
20~25°	27,771	8.5
25° 초과	14,334	4.3

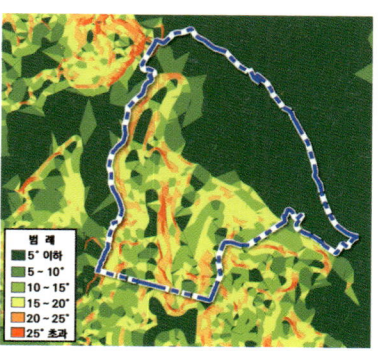

생태자연도

생태자연도는 「자연환경보전법」에 근거하여 작성된 도면으로 자연환경의 생태적 가치에 따라 토지를 등급화하였다. 생태자연도는 1~3등급지와 별도 관리지역으로 구분한다. 1등급지는 보전을 원칙으로 하기 때문에 인허가 과정에서 지자체 또는 환경청은 보전하라는 의견을 대부분 제시한다. 2등급지는 1등급지의 보호를 위한 지역으로 가급적 보전해야 하나 주변 여건을 고려하여 계획적 개발이 가능하다. 다만, 사업대상지 내 2등급지의 비중이 크고 경사가 급하면서 임상이 양호한 지역은 인허가 과정에서 보전 의견이 나올 가능성이 크다.

생태자연도는 환경공간정보서비스에서 확인할 수 있다.

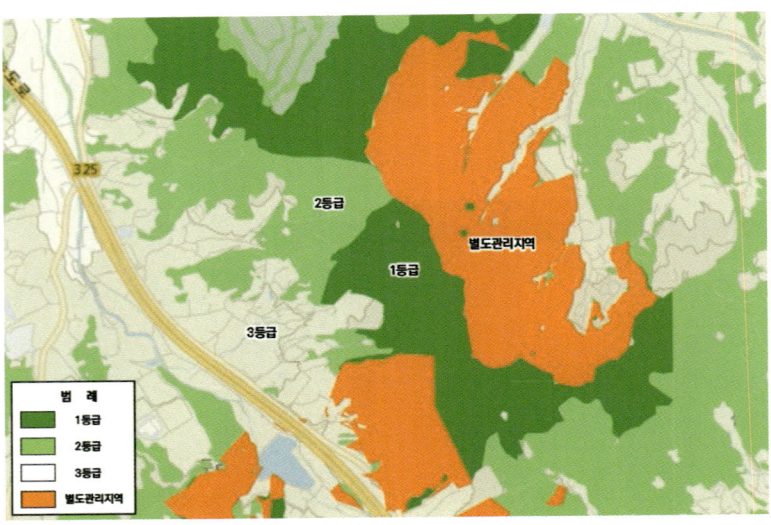

출처: https://egis.me.go.kr(환경공간정보서비스)

임상도

임상도는 「산림자원법」에 근거하여 작성된 도면으로 전국의 산림에 대하여 수목의 종류·지름·나이 등 산림의 현황을 종합적으로 나타낸다. 임상도를 통해서 산림의 임상, 주요 수종, 경급, 영급, 밀도 등을 확인할 수 있다. 수목의 평균 나이에 따라 10년 단위로 10개의 영급지로 구분한다. 영급이 높을수록 수목의 나이가 많고 생태 보전이 필요하여 개발이 어렵다. 41~50년생 임상이 50% 이상인 5영급지부터 환경영향평가를 비롯한 산지전용 시 보전 의견이 나올 가능성이 높다.

임상도는 산림공간정보서비스에서 확인할 수 있다.

출처: https://mapforest.go.kr/forest(산림공간정보서비스)

주변의 기반시설을
확인해야 한다

진입도로

　대상지와 연결되는 진입도로는 토지개발사업의 가능 여부를 결정하는 시설이다.

　진입도로가 없는 맹지이거나 협소하다면 진입도로에 필요한 땅을 별도로 확보하거나 도시계획시설 도로를 제안하는 방안을 고려해야 한다. 도시계획시설 도로의 제안 요건은 해당 토지 면적의 4/5 이상 동의가 필요하다.

　진입도로 확보 기준은 개발 용도에 따라 다르다. "제2장 주변의 기반시설 활용 Case Study"에서 자세히 다루겠다.

 관련기사

"어디로 가야하죠?" 길 잃은 맹지, 소송 뛰어든 사연

맹지에서 다른 사람 땅을 가로질러 도로까지 연결되는 길을 정당한 통행권으로 인정해달라며 토지주가 소송에 뛰어들었으나 패소했다.

○○지방법원은 A씨가 토지주 2명을 상대로 제기한 통행권확인 등 청구 소송을 최근 기각했다고 밝혔다.

이번 사건은 A씨가 매입한 토지는 공로(큰 길, 도로 등)으로 연결되어 있고, 공로는 다른 토지주 2명이 소유하고 있었다. 그런데 이들 토지주가 단독주택 6개동 건축허가를 받으면서 갈등이 생겼다. 길에 장애물이 놓여 통행이 어려워졌음을 주장하며, 결국 A씨는 법원에 통행권 확인을 청구하는 소송을 토지주 2명을 상대로 제기하게 되었다. 법원은 현장검증 결과를 토대로 "해당 도로 외 다른 곳으로 출입할 수 없다거나 과다한 비용이 소요된다고 보기 어려우며, 피고인 토지주 2명은 땅에 단독주택 신축을 허가 받았다. 향후 거주자가 아닌 3자가 이곳을 통행하면 주거의 평온을 해치게 될 것"이라며 A씨 청구를 기각했다.

<진입도로 연접부지>

<진입도로 협소부지>

학교

 사업시행자는 상주인구가 늘어나는 주거용지 개발을 추진할 경우 사업대상지 주변에 학교가 통학거리 내 있는지? 있다면 배정이 가능한 학급 수가 얼마나 되는지? 파악해야 한다. 학교 배정을 결정하는 해당 교육지원청과 사전 협의가 중요하다. 해당 시·군청은 교육지원청의 의견을 반영하여 인허가 절차를 진행하기 때문이다.

 "개발사업 초기에 왜 학교를 챙겨 봐야 할까? 교육지원청 협의는 인허가를 진행하면서 하면 되지 않나?" 하는 의문이 생길 수 있다. 실제로 개발 수요가 많은 시·군에서는 사업시행자가 학교 배정을 받지 못해서 개발을 진행하지 못하는 사례가 발생하고 있다.

 필자가 최근에 컨설팅하면서 학교 배정 문제로 인해 사업 추진을 포기하게 된 사례를 소개하겠다. ○○시의 ○○동은 도시개발사업이 꾸준히 진행되는 지역이다. 초등학교는 사업대상지에서 직선거리로 800m, 도보로 10분 이내 위치하고 있었다. 해당 교육지원청과 사전 협의한 결과, 학교 주변에 지속적인 개발사업으로 학교 증축이 한계에 도달한 것을 확인하였다. 결국 사업시행자는 학교 배정을 받지 못하여 사업 추진을 포기하게 되었다. 얼마 후 동일한 초등학교 주변에 다른 개발 컨설팅 의뢰가 있었다. 필자는 이전 사례를 소개하면서 교육지원청과 먼저 협의가 필요하다고 조언하였다.

 우리나라는 2000년대 이후 인구 성장이 계속 정체하다가 2021년부터 인구가 감소하기 시작하였다. 인구 감소 지역은 학생수가 감소하기 때문에 폐교가 속출하고 있다. 최근에는 대도시에서도 폐교가 발생하고 있는 실정이다. 급격한 학생수 감소로 교육부와 교육지원청은 학교 신설에 대해서 상당히 보수적이다. 특히 초등학교는 "4~6천 세대당 학교 신설" 기준을 엄격하게 적용하고 있다.

학교 배정이 어렵다고 하더라도 개발사업이 불가능한 것은 아니며, 2가지 대안을 고려할 수 있다. ① 기존 학교의 증축이나 확장을 통해 기존 학급 수의 30%까지 늘릴 수 있다. 증축이나 확장의 소요 비용은 사업시행자가 대부분 부담해야 한다. ② 학교 신설 세대수 기준을 충족한다면 사업시행자가 사업대상지나 인접 지역에 학교를 설치하고 기부채납할 수 있다.

초·중·고등학교 학생 배치를 사전에 파악할 수 있는 학구도 배치 안내 서비스는 해당 홈페이지에서 조회가 가능하다.

https://schoolzone.emac.kr/gis/gis.do

공급처리시설(상·하수도)

공급처리시설은 도시의 순환 및 에너지 공급에 필요한 시설이다. 상·하수도, 쓰레기 처리장, 전력 공급 설비, 가스 공급 설비, 지역 냉난방 시설 등이 있다.

사업대상지에서 사용하는 상수도, 전력, 가스는 어떻게 얼마나 공급할지, 하수와 쓰레기는 어디에 처리할지 확인하고 대안을 마련하는 것이 중요하다. 인허가 진행 도중 하수처리장 증설이 불가능하여 입주 시기가 늦어진다면 사업 일정과 사업성에 심각한 지장을 초래할 수 있기 때문이다.

공급처리시설의 필요 공급량(처리량)을 사전에 파악하고, 해당 시·군청 담당 부서에 공급 처리 가능 여부를 확인해야 한다. 사전 검토를 통해 사업 가능 여부를 확인할 수 있고, 인허가 기간을 단축시킬 수 있다.

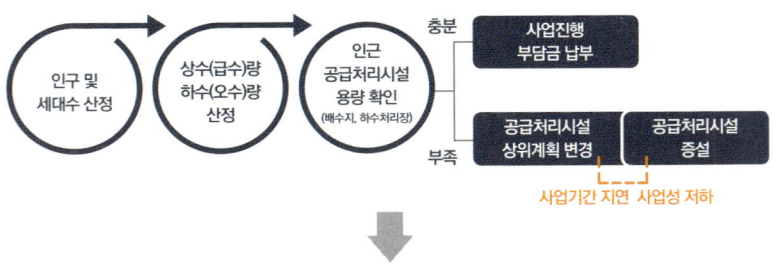

컨설팅: 사업대상지 위치 조정, 사업시기 조정, 공급처리시설 상위계획 변경 단축방안 모색 등

<상수공급계통도 예시>

<상수처리계획도 예시>

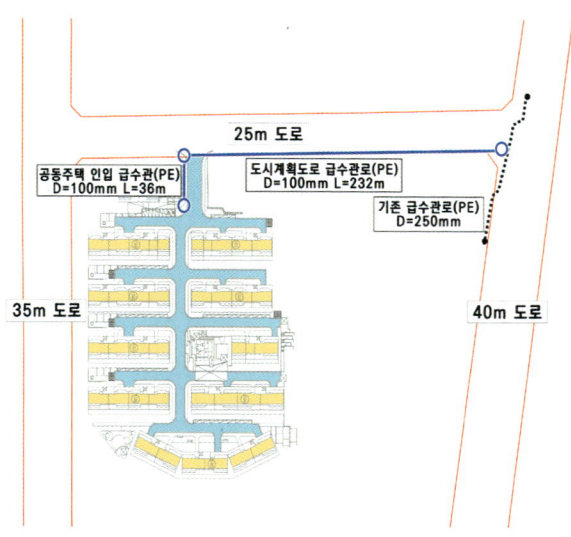

땅을 잘 활용하려면
해당 시·군과 교감해야 한다

 필자는 ○○시 도시개발사업에 대한 컨설팅을 한 적이 있다. 용도지역, 토지컨디션, 기반시설 등의 개발여건 분석 결과, 사업 추진이 가능한 것으로 판단하였다. 이를 근거로 ○○시청 담당 부서와 협의하였으나, '해당 생활권의 시가화예정용지 부족, 과도한 교통량 발생 등의 사유로 개발이 어렵다'고 하였다. 의뢰인은 개발할 수 있는 제반 여건을 충족하는 사유지인데, 왜 개발을 못 하냐고 답답해하였다.
 해당 시·군청은 인허가권을 가지고 있거나, 개발사업의 주요 협의 주체인 것이 핵심이다. 좀 더 세부적으로 이유를 살펴보면 다음과 같다.

① 시·군청은 도시기본계획의 인구배분과 시가화예정용지의 물량을 확인하고 배정해 주는 주체이다.
② 개발방식에 따라 사업제안서 접수(입안권자)를 받게 되며, 시·군청 의견을 첨부하여 인허가권자(시·도지사)에게 송부하게 된

다. 해당 시·군청이 인허가권자가 아니더라도 입안권자 또는 협의 기관으로서 주요 의견을 제시한다. 시·군청에서 동의하지 않는 개발사업은 인허가권자도 보수적으로 판단하는 경우가 많다.
③ 해당 지자체 여건에 따라 특정 용도의 개발을 억제할 수 있다. ○○시는 지나치게 많은 창고용지가 개발되어 안전사고, 교통정체 등에 대한 민원이 지속적으로 발생하여 정책적으로 창고용지 개발을 억제하기도 하였다.
④ 해당 지자체장이 인허가권자인 경우 기부채납과 더불어 용도지역 변경과 건폐율, 용적률 완화 등으로 발생하는 계획 이득에 대한 공공기여에 대한 의견을 제시한다.

도시기본계획의 물량은 왜 확인해야 할까?

 2000년대 초, 수도권의 특정 도시를 중심으로 토지 난개발이 사회적 이슈로 대두되면서 정부는 '선계획 후개발'이라는 국토·도시정책을 채택하였다. 이 정책을 구체적으로 실현하기 위해 「국토계획법」을 제정하고, 시·군별로 도시기본계획을 수립하도록 하였다. 주요 내용은 도시 미래상, 도시공간구조, 계획인구, 생활권별 인구배분, 시가화예정용지 등이다. 일정 규모 이상의 개발사업을 할 경우 인구배분 및 시가화예정용지의 물량을 확인해야 한다.

인구배분 물량은 도시기본계획 중 생활권 설정 및 인구배분계획에서 확인할 수 있다. 생활권은 몇 개의 구 또는 읍·면·동을 묶어서 설정한다. 사업대상지가 속한 생활권의 인구배분 물량을 파악해야 한다.

시가화예정용지는 목표연도까지 용도별로 배정한 토지개발 예정 물량을 의미한다. 주거용, 상업용, 공업용, 비도시지역 지구단위계획 등 4가지 용도로 구분한다. 주거용은 주거용지, 상업용은 상업·업무용지, 관광용지, 공업용은 산업용지, 물류용지, 비도시지역 지구단위계획은 주거형, 산업유통형, 관광휴양형 등의 용도로 개발한다.

<시가화예정용지 물량 배분 예시>

(단위: km²)

구분	합계	시가화 용지	시가화예정용지					보전 용지
			소계	주거용	상업용	공업용	비도시지역 지구단위계획	
계	458.140	54.573	19.158	4.713	3.872	0.723	9.850	384.409

시가화예정용지 물량은 광역시와 시·군에서 수립하는 도시기본계획 중 '토지이용계획'에서 확인할 수 있다. 도시기본계획 보고서는 해당 시·군청 홈페이지나 토지이음 홈페이지 자료실에서 확인이 가능하다. 시가화예정용지 잔여 물량 등을 확인하려면 해당 지자체의 도시계획부서를 방문하거나 유선으로 확인해야 한다. 이때 사업대상지

의 위치와 개발 규모 등을 구체화해서 확인한다면 좀 더 많은 정보를 얻을 수 있다. 다만, 검토 단계라 비밀 유지가 필요하다면 도시계획전문가를 통해서 파악하는 방법도 있다.

만약 인구배분 물량이나 시가화예정용지 물량이 부족하거나 없다면 도시기본계획을 변경해서 필요한 물량을 확보해야 한다. 도시기본계획 변경은 최소 1년 정도 소요된다.

<생활권별 인구배분계획 예시>

(단위:인)

구분	기준연도(2015)	목표연도(2035)
합계	676,000	1,196,000
동 생활권	377,000	615,000
서 생활권	299,000	581,000

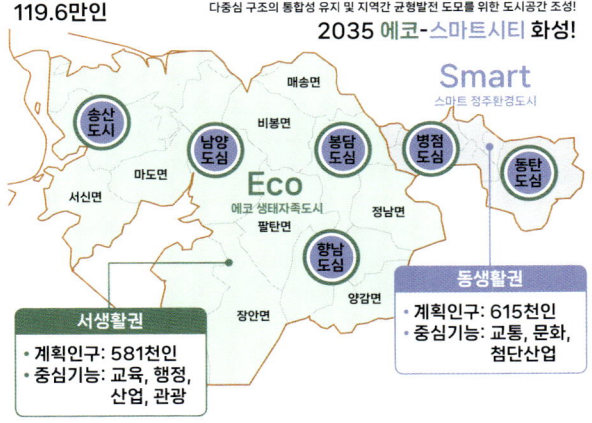

출처: 2035 화성시 도시기본계획

궁금합니다!

도시기본계획은 모든 시·군에서 수립되어 있나요?
▶ 161개 도시기본계획 수립 대상 시·군(광역시 군, 제주도 행정시 제외) 중 128개 시·군이 도시기본계획을 수립하였습니다.
33개 군은 인구 10만인 이하이고, 「국토계획법」상 의무 수립 대상이 아니어서 수립하지 않았습니다.

땅의 가치가 올랐으니 공공기여를 해야지요

토지개발사업을 자문하거나 컨설팅 의뢰를 받으면 가장 많이 듣는 질문 중의 하나가 "감보율이 어떻게 되나요?" 이다. 혹시 기부채납을 이야기하시는 거냐? 물으면 맞다고 한다. 사업성에 영향을 미치므로 사업 초기에 고려해야 할 중요 요소이다.

기부채납은 사업시행자가 개발사업에 필요한 기반시설을 조성하여 지자체에게 소유권을 이전하는 것이다. 기반시설은 사용 인구에 따라 용량이 한정되어 있다. 개발사업으로 인해 사용 인구가 증가한다면 기반시설도 연동하여 증설하거나 신설이 필요하다. 이럴 경우 원인자부담 원칙에 의거하여 사업시행자가 필요한 기반시설을 조성해야 한다.

「공원녹지법」, 「주차장법」 등에 근거하여 개발 면적과 인구 규모에 따른 공원, 녹지, 주차장 등을 확보해야 하며, 대부분 기부채납 대상이다.

서울특별시는 시가화지역을 중심으로 기반시설이 이미 확보된 지역에 중복하여 설치하는 기반시설의 기부채납을 지양하고 있다. 기반시설 공사비 또는 임대주택 조성 등 다양한 방식으로 기부채납 대상을 확대하는 추세이다.

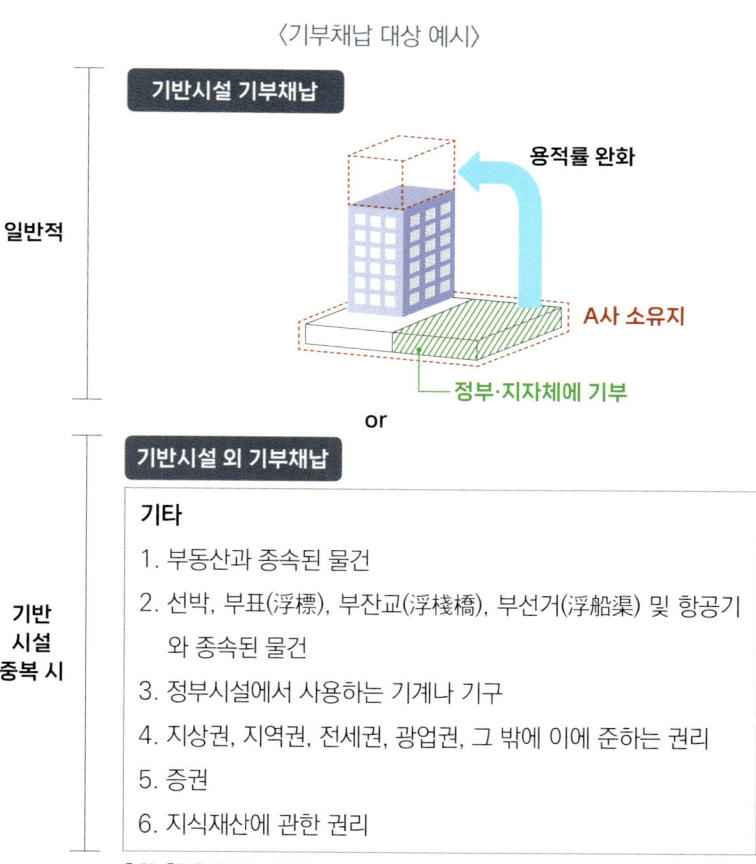

〈기부채납 대상 예시〉

출처: 「국유재산법」 제5조

이와 더불어 공공기여도 추가로 고려해야 한다.

공공기여는 토지 가치 상승으로 인한 계획 이득을 사회적으로 공유하고 합리적으로 배분하기 위한 것으로 '기부채납+α'의 개념이다. 도서관, 체육센터 등 지역 사회에 필요한 시설을 조성하여 소유권을 이전하는 경우가 많다.

서울특별시를 비롯한 인천광역시, 부산광역시, 경기도 대도시 등에서는 '사전협상제'를 도입하여 공공기여를 좀 더 체계적으로 운영하고 있다. 3장 최적의 개발방식을 찾아라! Case Study 중 '사전협상제 및 용도용적제'에서 자세히 설명하겠다.

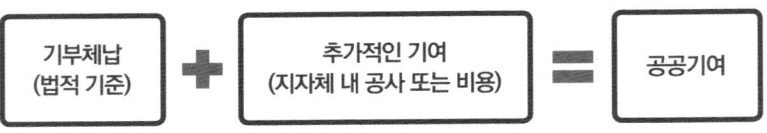

과거에는 '공공기여=기부채납'라고 생각하는 경우가 많았다. "사업시행자가 기반시설을 조성하여 토지와 함께 기부채납을 하면 국가 재산이 되니 공공기여다."라는 것이 일반적인 생각이었다. 그러나 대부분 기반시설은 유지비, 운영관리비가 계속 발생한다. "특정인이 주로 사용하는 일부 기반시설을 세금으로 유지·보수하는 것이 과연 공공기여인가?"라는 여론이 많이 생겼다. 최근 추세는 기부채납과 공공기여를 분리하고 기부채납과 더불어 공공기여에 대한 요구를 하는 지자체가 늘고 있다.

다만, 사업을 승인해 주는 조건으로 지자체가 과도한 공공기여를 요구하는 경우 사전 협의 또는 협상을 통해 시행자에게 과도한 부담이 발생하지 않도록 조율이 필요하다.

하남미사 신도시 사례는 공공사업임에도 불구하고 공공기여의 일환으로 하남과 강남 간 광역 지하도로를 설치하라는 의견이 있었다. 과도한 사업비와 지하도로 효율성의 문제가 제기되어 광역교통개선대책 변경과 다른 공공기여 방안으로 절충하였다.

궁금합니다!

도시첨단물류단지의 사업시행자가 설치하는 공공녹지가 「물류시설법」에 근거한 공공기여에 부합하나요?

▶ 의무 설치 대상인 공공녹지는 「물류시설법」 제22조의2 제4항에 따른 공공기여로 볼 수 없습니다.

땅의 가치를 높일 수 있는
최적의 개발방식을 찾아라!

　아파트, 사무실, 상가, 공장, 창고 등을 조성하기 위한 토지개발은 적합한 개발방식을 정해서 인허가 절차를 진행해야 한다. 어떤 개발방식을 적용하냐에 따라 토지수용권 확보와 인허가 기간 등 사업성과 관련된 중요한 요소가 달라진다.

　예를 들어 물류단지는 일정 조건에 부합하면 토지수용권이 생기지만, 지구단위계획은 수용권이 없다. 토지수용권은 사업시행자 지정 후 토지수용위원회에서 수용 재결이 이루어지면 발생한다. 물론 토지수용권에 대한 요건을 갖춰야 한다.

　인허가 기간에 따라 이자 등의 금융 비용이 달라져 사업성에 영향을 미친다. 왜 인허가 기간이 달라질까? 우선 개발방식에 따라 인허가 관청이 다르다. 창고용지를 개발하기 위해 적용할 수 있는 개발방식에는 물류단지, 산업유통형 지구단위계획, 개발행위허가 등이 있다. 물류단지 인허가권자는 시·도지사이며, 해당 시·도에서 물류단지 실수요 검증을 거쳐서 단지계획에 대한 승인을 받아야 한다. 반면 산업유통형 지구단위계획은 인허가권자가 시장·군수이고 실수요 검증 절차가 없다. 개발행위허가는 개발 규모에 따라 인허가권자가 시장·군수 또는 시·도지사이고 실수요 검증 절차가 없다. 즉 인허가 절차와 과정이 복잡하고 많을수록 인허가 기간은 길어질 수밖에 없다.

인허가권자가 누구냐에 따라 필요한 도면과 서류에 차이가 있고, 개발할 수 있는 용도지역에도 차이가 있다. 또한 각종 영향평가 등의 적용 대상도 다르다. 개발방식은 인허가 기간과 사업성에 직접적인 영향을 미치므로 최적의 개발방식 선정이 중요하다.

주거용지, 산업용지, 물류용지 등을 개발하는 방식은 다양하다. 자세한 내용은 "3장 최적의 개발방식을 찾아라! Case Study"에서 다루겠다.

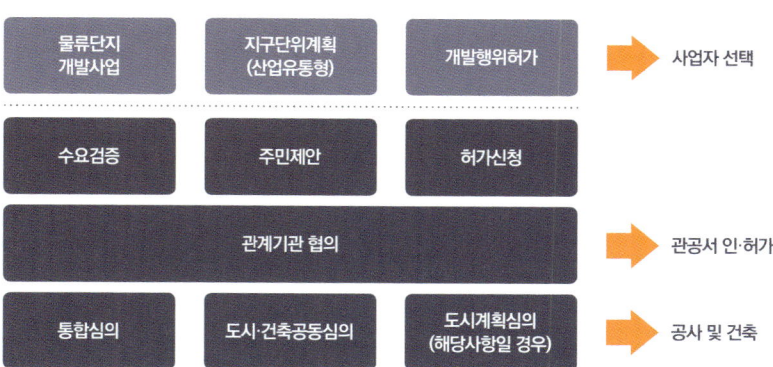

<창고, 물류센터 개발방식 적용 예시>

<수도권 시·군의 용도지역별 용적률>

(단위:%)

시·군	전용주거지역		일반주거지역			준주거지역	상업지역			
	제1종	제2종	제1종	제2종	제3종		중심	일반	근린	유통
서울시	100	120	150	200	250	400	1000	800	600	600
인천시	80	120	200	250	300	500	1300	1000	700	800
수원시	100	150	200	250	300	400	1000	800	600	400
성남시	100	120	160	210	280	400	1000	800	600	600
부천시	100	120	190	230	280	400	1000	800	600	600
용인시	100	150	200	240	290	450	1100	900	700	800
안산시	100	150	200	250	300	500	1100	1100	800	1000
안양시	100	100	200	250	280	400	1000	800	–	–
평택시	100	150	200	250	300	500	1500	1300	900	1100
시흥시	100	150	200	250	300	500	1500	1300	900	–
화성시	80	120	180	250	270	400	1000	800	400	400
광명시	80	120	150	240	280	450	1100	800	700	700
군포시	80	120	200	230	280	300	1000	800	600	500
광주시	100	150	180	230	300	450	1000	900	500	400
김포시	100	150	200	250	300	500	1500	1300	900	1100
이천시	100	150	200	250	300	500	1500	1300	900	1100
안성시	100	150	200	250	300	500	1500	1300	900	1100
오산시	80	120	180	230	280	400	1000	800	500	400
하남시	100	150	200	250	300	500	1500	1300	900	1100
의왕시	100	150	200	250	300	500	1000	1300	700	700
여주시	100	150	200	250	300	500	1500	1300	900	1100
양평군	100	150	200	250	300	500	1500	1300	900	1100
과천시	100	150	200	250	300	500	1500	1300	900	1100
고양시	100	150	180	230	250	380	1200	900	700	400
남양주시	100	150	200	250	270	500	1500	900	900	900
의정부시	80	120	200	250	300	500	1000	1000	500	500
파주시	80	120	180	250	300	300	1000	900	600	600
구리시	100	150	200	250	280	500	1500	1300	900	1100
양주시	100	150	200	250	300	500	1500	1300	900	1100
포천시	80	120	200	250	300	500	1000	800	600	600
동두천시	100	150	200	250	300	500	1500	1300	900	1100
가평군	100	150	200	250	300	500	1500	1300	900	1100
연천군	80	120	200	250	300	500	1500	1300	900	1000

주) 지자체마다 용도지역별 단서 조항은 표현하지 않음

<수도권 시·군의 용도지역별 용적률>

(단위:%)

시·군	공업지역			녹지지역			관리지역			농림지역	자연환경보전지역
	전용	일반	준공업	보전	생산	자연	보전	생산	계획		
서울시	200	200	400	50	50	50	–	–	–	–	–
인천시	300	350	400	50	80	80	80	80	100	80	80
수원시	300	350	400	50	100	100	–	–	–	–	–
성남시	300	350	400	70	50	100	–	–	–	–	–
부천시	300	350	400	50	50	80	–	–	–	–	–
용인시	250	300	350	70	100	100	80	80	100	70	70
안산시	300	350	400	50	80	80	–	–	–	–	50
안양시	–	300	300	50	–	80	–	–	–	–	–
평택시	300	350	400	80	100	100	80	80	100	80	80
시흥시	–	350	400	80	100	–	–	–	–	–	–
화성시	300	350	400	60	80	100	60	80	100	60	50
광명시	250	300	300	50	100	80	–	–	–	–	–
군포시	250	350	300	50	60	80	–	–	–	–	–
광주시	300	350	400	80	80	100	80	80	100	50	50
김포시	300	350	400	80	100	100	80	80	100	80	80
이천시	300	350	400	80	100	100	80	80	100	80	80
안성시	300	350	400	80	100	100	80	80	100	80	80
오산시	300	350	400	50	80	100	–	–	–	–	–
하남시	–	350	400	–	–	–	–	–	–	–	–
의왕시	300	350	400	60	60	100	–	–	–	–	–
여주시	300	350	400	80	100	100	80	80	100	80	80
양평군	300	350	400	80	100	100	80	80	100	80	80
과천시	–	–	–	50	–	60	–	–	–	–	–
고양시	300	350	400	50	90	100	80	80	100	80	50
남양주시	300	350	400	80	100	100	60	80	100	–	60
의정부시	300	350	400	50	60	80	–	–	–	–	–
파주시	200	250	250	50	50	80	80	80	100	50	50
구리시	300	350	400	80	–	100	80	80	80	50	50
양주시	300	350	400	80	100	100	80	80	100	80	80
포천시	250	350	350	80	100	100	80	80	100	80	80
동두천시	300	350	400	80	100	100	80	80	100	80	80
가평군	300	350	400	80	100	100	80	80	100	80	80
연천군	300	300	350	80	100	100	80	80	100	80	80

주) 지자체마다 용도지역별 단서 조항은 표현하지 않음

제2장

토지개발
체크포인트
Case Study

2장은 "제1장 토지개발 체크포인트"에서 언급한 내용별로 좀 더 구체적인 설명과 이해하기 좋은 사례 중심으로 소개한다. 체크포인트 중 '최적의 개발방식을 찾아라'는 설명 내용과 사례가 많아 "제3장 최적의 개발방식을 찾아라! Case Study"에서 다루도록 하겠다.

내 땅의 가치
Case Study

땅의 가치를 상승시키고 싶으면 제일 먼저 용도지역을 파악해야 한다. 용도지역별로 개발할 수 있는 건축물의 용도와 규모에 차이가 있기 때문이다. 현재의 용도지역에서 원하는 용도와 규모로 개발을 할 수 없다면 필요한 용도지역으로 바꾸는 방법을 찾아봐야 한다.

주거, 산업(물류), 관광 용지별로 개발 방식에 따라 개발이 가능한 용도지역을 확인해 보고, 용도지역 변경을 컨설팅한 사례를 소개하겠다.

주거용지

공동주택 중심의 주거용지를 개발하는 대표적인 방식에는 ① 도시개발사업 ② 지구단위계획 ③ 주택건설사업 등이 있다. 개발방식에 따라 적용하는 근거법과 개발이 가능한 용도지역에 차이가 있다.

방금 소개한 3가지 개발방식으로 공동주택 개발에 대한 인허가를 받았다면, 공동주택을 바로 건축할 수 있는 개발방식은 무엇일까? 이 질문의 답은 주택건설사업이다. 도시개발사업과 지구단위계획은 부지 조성을 목적으로 하고, 주택건설사업은 공동주택 건축 인허가를 목적으로 하기 때문이다. 용도지역과 용적률의 변경이 필요하다면 도시개발사업과 지구단위계획 수립 또는 용도지역 변경이 선행되어야 한다.

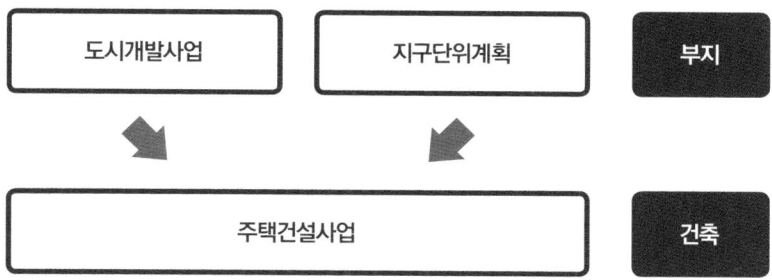

도시개발사업

　도시개발사업은 도시개발구역으로 지정할 수 없는 용도지역과 용도지역별 최소 지정 면적 기준이 있다. 보전녹지지역과 자연환경보전지역은 도시개발구역으로 지정을 제안할 수 없다. 도시지역의 최소 지정 면적은 1만㎡(공업지역 3만㎡) 이상이다. 생산녹지지역은 도시개발사업 입안 시 구역 지정 면적의 30% 이하가 되어야 한다. 비도시지역의 최소 지정 면적은 10만㎡ 이상이다. 자세한 내용은 아래 표로 정리하였다.

<도시개발사업 용도지역 지정요건>

구분	도시지역			비도시지역
용도지역	주거지역, 상업지역, 자연녹지지역	공업지역	생산녹지지역	관리지역 농림지역
최소 규모	1만㎡ 이상	3만㎡ 이상	1만㎡ 이상 (구역 면적 30%이하)	10만㎡ 이상
용도지역 지정요건 완화사항	· 취락지구, 개발진흥지구, 지구단위계획구역 · 광역도시계획 및 도시기본계획 미수립 시·군 : 자연녹지지역, 계획관리지역만 적용			

주: 비도시지역은 공동주택과 연립주택이 포함되지 않을 경우, 최소 지정면적은 30만㎡임

지구단위계획

지구단위계획은 도시지역과 비도시지역으로 구분해서 확인해야 한다.

도시지역은 용도지역의 제한 없이 지구단위계획구역을 지정할 수 있다. 다만 생산녹지지역과 보전녹지지역은 도시지역 중에서 공동주택 중심의 주거용지로 개발하기 어렵다.

자연녹지지역에서 제2종일반주거지역으로 변경하는 용도지역 간 변경은 별도의 도시계획 절차를 거쳐야 한다. 세분화된 용도지역 내에서는 지구단위계획을 수립하면서 동시에 용도지역 상향이 가능하다. 단독주택 및 연립주택만 허용되는 제1종일반주거지역은 지구단위계획을 수립하면서 공동주택이 허용되는 제2종일반주거지역으로 동시에 변경할 수 있다.

비도시지역에서 공동주택 개발이 가능한 주거형 지구단위계획구역은 최소 지정 면적이 10만㎡ 이상이다. 주거형 지구단위계획구역은 면적의 50% 이상 계획관리지역이어야 한다. 보전관리지역은 구역 면적에 따라 10~20%에서 포함할 수 있다. 다만, 공동주택은 비도시지역 중 계획관리지역에서만 허용하는 용도이다. 지구단위계획 수립 시 계획관리지역 외 용도지역은 계획관리지역으로 변경하는 별도의 도시계획 절차를 거쳐야 한다.

<주거형 지구단위계획의 보전관리지역 비율>

면적 구분	보전관리지역 면적 비율
10만㎡ 이하	지구단위계획구역 면적의 20% 이내
10만~20만㎡	2만㎡
20만㎡ 초과	지구단위계획구역 면적의 10% 이내

주택건설사업

주택건설사업은 30세대 이상의 공동주택을 건설하는 사업이다. 5층 이상의 아파트는 제2종전용주거지역, 제2종·제3종일반주거지역, 준주거지역 등에서 개발이 가능하다. 사업대상지가 녹지지역인 경우 주거지역으로 용도지역 변경을 선행해야 한다. 자연녹지지역에서 용도지역 변경 없이 4층 이하 연립주택을 건설할 수도 있다. 이 경우 해당 시·군의 도시계획 조례에서 정한 자연녹지지역의 건폐율과 용적률의 적용을 받는다.

자연, 생산녹지지역 → 제2종일반주거지역, 자연, 생산녹지지역

자연녹지지역과 생산녹지지역이 혼재되어 있는 대상지 중 공동주택용지만 제2종일반주거지역으로 변경하도록 검토한 사례이다. 실시계획 단계에서 용도지역 변경 의제가 되는 도시개발사업 방식을 적용하였다. 진입도로, 공원·녹지는 기존의 용도지역을 유지하도록 하였다.

컨설팅 전	컨설팅 후
* 자연녹지지역: 54,138㎡(90.7%) * 생산녹지지역: 5,563㎡(9.3%)	* 제2종일반주거지역: 43,608㎡(73.1%) * 자연녹지지역: 13,574㎡(22.7%) * 생산녹지지역: 2,519㎡(4.2%)

 생산녹지지역 → 생산녹지지역+개발진흥지구

개발진흥지구로 지정된 생산녹지지역은 '용도지역 지정 요건을 완화 받는다'는 도시개발사업 용도지역 지정요건 완화 규정을 활용한 사례이다.

당초 대상지 전체가 생산녹지지역으로 지정되어 도시개발사업구역으로 지정 제안을 할 수 없었다. 다행히 대상지 인접 지역에 '개발진흥지구로 지정된 생산녹지지역'이 있어서 대상지 위치를 변경하도록 사업시행자에게 제안하였다. 다만, 개발진흥지구로 지정된 생산녹지지역은 일반 생산녹지지역보다 토지 가격이 비쌌다.

컨설팅 전	컨설팅 후
* 생산녹지지역: 78,691㎡(100.0%)	* 생산녹지지역: 106,892㎡(100.0%) * 개발진흥지구: 106,892㎡(100.0%) * 대상지 위치 변경

민간은 개발진흥지구를 지정, 제안할 수 없나요?

▶ 용도지구 지정은 지자체의 고유한 도시계획 권한이어서 민간이 제안할 수 없습니다.
다만, 적정한 개발 여건과 토지컨디션을 중심으로 한 개발 당위성을 지자체에 설명하면서 공공기여에 대해 충분히 협의한다면 지자체도 개발진흥지구 지정에 대해 긍정적으로 고려할 수 있습니다.

Case: 생산녹지지역 → 자연녹지지역

생산녹지지역을 도시개발구역 지정 고시 전에 자연녹지지역으로 변경한 흔하지 않은 사례이다. 사업시행자는 생산녹지지역이 100% 인 대상지에 도시개발구역 지정을 제안하였다. 해당 지자체에게 사업 시행의 분명한 의지와 공공기여에 대한 세부 내용을 제시하여 구역 지정 고시 전에 자연녹지지역으로 변경할 수 있었다.

사업시행자는 다음과 같은 논리와 명분으로 용도지역 변경이 가능하도록 하였다. 첫째, 사업대상지는 양호한 농지가 아니며, 도시발전축에 위치한다는 논리로 농지전용의 명분을 제시하였다. 생산녹지지역은 양호한 농지를 확보하기 위해 개발을 유보하는 지역으로, 개발 시 농지전용 절차를 거쳐야 한다. 둘째, 해당 지자체에게 사업 이행과 더불어 공공기여 이행에 대한 문서를 제출하였다. 용도지역만 변경한 후 사업을 장기간 추진하지 않거나, 사업권을 매각하는 경우 특혜 시비에 대한 지자체의 부담감을 상쇄시킬 수 있는 명분을 제시하였다.

컨설팅 전	컨설팅 후
* 생산녹지지역: 239,534㎡(100.0%)	* 자연녹지지역: 239,534㎡(100.0%)

Case 제1종, 제2종일반주거지역+개발진흥지구 → 제2종일반주거지역

대상지는 제1종, 제2종일반주거지역이면서 주거형 개발진흥지구로 지정되어 있는 지구단위계획구역이다. 지구단위계획을 변경하면서 제2종일반주거지역으로 변경하도록 검토한 사례이다.

제1종일반주거지역은 5층 이상의 공동주택 개발이 불가하여 제2종일반주거지역으로 상향이 필요하였다. 이와 더불어 용도지역의 정형화, 도로 및 주변 지형 여건, 확보 가능한 토지 권원 등을 고려하여 구역계 조정을 검토하였다.

컨설팅 전	컨설팅 후
* 자연녹지지역: 982㎡(3.4%) * 제1종일반주거지역: 27,079㎡(92.7%) * 제2종일반주거지역: 1,146㎡(3.9%)	* 제2종일반주거지역: 36,427㎡(100.0%)

자연녹지지역 → 제2종일반주거지역

　자연녹지지역을 제2종일반주거지역으로 먼저 변경한 후 지구단위계획으로 승인을 받아 주택건설사업을 추진한 사례이다.

　자연녹지지역은 주거지역으로 가장 많이 변경하는 용도지역이다. 생산녹지지역과 보전녹지지역에 비해 용도지역 변경에 제약이 적고, 토지 가격이 시가화지역에 비해 저렴하기 때문이다. 다만 토지컨디션과 다른 공법규제에서 리스크 요인은 없는지 확인해야 한다.

컨설팅 전	컨설팅 후
* 자연녹지지역: 82,034㎡(100.0%)	* 제2종일반주거지역: 82,034㎡(100.0%)

민간이 자연녹지지역에서 아파트 사업을 할 수 있나요?

▶ 자연녹지지역은 아파트를 건설하지 못하기 때문에 제2종일반주거지역 이상으로 용도지역 변경이 필요합니다. 민간은 직접적인 용도지역 변경은 어렵고, 지구단위계획 수립을 전제로 한 용도지역 변경은 가능합니다.

산업(물류)용지

산업(물류)용지는 대부분 산업단지 개발사업, 물류단지 개발사업, 산업유통형 지구단위계획, 개발행위허가의 4가지 방식으로 개발한다.

산업단지 개발사업

산업단지 지정은 용도지역 제한이 없으나 공업지역에 우선 지정하도록 하고 있다. 도시첨단산업단지는 도시지역에서만 가능하다. 보전녹지지역, 보전관리지역, 자연환경보전지역 등 개발이 어려운 용도지역도 지정 제안이 가능하다. 다만, 인허가 과정에서 수행해야 하는 산지전용, 농지전용, 환경영향평가 등에서 보전 의견이 나올 가능성이 크다.

물류단지 개발사업

물류단지 지정은 용도지역 제한이 없으나 도시첨단물류단지는 도시지역에서만 가능하다. 보전관리지역, 생산관리지역, 농림지역, 자연환경보전지역은 물류단지 실수요 검증에서 해당 면적 비율이 크면 점수가 낮아진다. 또한, 실수요 검증을 통과하더라도 인허가 과정에서 수행해야 하는 산지전용, 농지전용, 환경영향평가 등에서 보전 의견이 나올 가능성이 크다.

산업유통형 지구단위계획

산업유통형 지구단위계획구역은 계획관리지역을 중심으로 생산관리지역, 보전관리지역, 농림지역을 포함하여 지정할 수도 있다. 다만,

보전관리지역을 포함할 경우 구역 면적에 따라 10~20%를 초과할 수 없다. 농림지역은 산업·유통개발진흥지구로 지정된 경우에 한하여 구역 지정이 가능하다. 계획관리지역 외 용도지역은 창고, 공장으로 개발하려면 계획관리지역으로 변경해야 한다.

비도시지역에서만 지정하는 지구단위계획구역이 있나요?
▶ 「국토계획법」상 비도시지역에서만 지정할 수 있는 지구단위계획구역은 산업유통형, 관광휴양형, 주거형, 특정, 복합형입니다.

개발행위허가

개발행위허가를 통해 창고, 공장 등을 개발할 수 있는 용도지역은 대부분 자연녹지지역과 계획관리지역이다. 창고나 공장의 특성상 건축물의 1층 바닥면적을 크게 사용할 수 있는 토지가 필요하여 건폐율이 높은 용도지역을 선호한다. 건폐율은 대지면적에 대한 건축물의 1층 바닥면적의 비율이다. 계획관리지역의 건폐율은 40% 이하로 비시가화지역 중 가장 높다.

계획, 보전관리지역, 농림지역 → 계획관리지역

　자연보전권역 내 계획관리지역, 보전관리지역, 농림지역이 혼재되어 있는 대상지에 대하여 산업단지 지정을 검토한 사례이다.

　「수도권정비법」상 자연보전권역 내에서 공장용지는 6만㎡ 이하로 개발이 가능하기 때문에 계획관리지역을 중심으로 구역계를 대폭 축소하도록 검토하였다.

컨설팅 전	컨설팅 후
* 계획관리지역: 99,215㎡(50.5%) * 보전관리지역: 83,110㎡(42.3%) * 농림지역: 13,963㎡(7.2%)	* 계획관리지역: 58,829㎡(100%)

 계획, 보전관리지역 → 계획, 보전관리지역(축소)

　계획관리지역과 보전관리지역이 혼재되어 있는 대상지를 산업유통형 지구단위계획으로 검토한 사례이다.

보전관리지역이 구역 지정 면적 비율 기준을 초과하고 있어 계획관리지역과 연접한 지역을 중심으로 보전관리지역을 2만㎡ 이하로 축소한 구역계를 검토하였다.

컨설팅 전	컨설팅 후
* 계획관리지역: 127,119㎡(51.9%) * 보전관리지역: 117,417㎡(48.1%)	* 계획관리지역: 127,119㎡(86.6%) * 보전관리지역: 19,530㎡(13.4%)

> **Case** 계획관리지역, 농림지역 →
> 계획관리지역, 농림지역+산업·유통개발진흥지구

계획관리지역과 농림지역이 혼재되어 있는 대상지를 산업유통형 지구단위계획으로 검토한 사례이다.

3만㎡ 이하의 산업·유통개발진흥지구는 민간이 제안할 수 있는 도시계획 사항이다. 개발여건이 양호하면서 계획관리지역과 인접한 농림지역을 선정하여 3만㎡ 이하의 산업·유통개발진흥지구 구역계로 설정하였다. 여기에 계획관리지역과 함께 산업유통형 지구단위계획 구역으로 제안하도록 컨설팅하였다.

컨설팅 전	컨설팅 후
* 계획관리지역: 92,060㎡(34.8%) * 농림지역: 172,139㎡(65.2%)	* 계획관리지역: 92,060㎡(75.6%) * 농림지역: 29,756㎡(24.4%) 　(산업·유통개발진흥지구)

Case 자연, 보전녹지지역 → 자연녹지지역

자연녹지지역과 보전녹지지역이 혼재되어 있는 대상지를 창고 조성 목적의 개발행위허가로 검토한 사례이다.

자연녹지지역이 대부분을 차지하고 있으며, 보전관리지역이 구역계 경계부에 일부가 있다. 인허가 리스크를 최소화하기 위해 보전녹지지역을 제척한 구역계를 제안하였다.

컨설팅 전	컨설팅 후
* 자연녹지지역: 89,043㎡(89.8%) * 보전녹지지역: 10,101㎡(10.2%)	* 자연녹지지역: 89,043㎡(100.0%)

관광용지

관광용지는 관광단지 개발사업, 관광휴양형 지구단위계획, 농어촌 관광단지 개발사업 등 3가지 방식으로 대부분 개발한다. 다른 용도의 개발보다 용도지역의 제약은 상대적으로 적은 편이다. 개발방식에 따라 개발 가능한 용도지역은 약간 차이가 있다. 관광용지 개발은 초기 자본이 많이 투입되는 사업 특성상 토지 가격이 낮은 용도지역을 선호하는 것이 일반적이다.

관광단지 개발사업

관광단지는 도시지역과 비도시지역에 상관없이 지정할 수 있다. 다만 토지 가격과 장소적 특성을 고려하여 대부분 비시가화지역(녹지지역+비도시지역)에 개발한다.

관광휴양형 지구단위계획

관광휴양형 지구단위계획구역은 관광·휴양개발진흥지구로 지정될 경우, 계획관리지역 외 비도시지역에서도 지정이 가능하다. 관광·휴양개발진흥지구는 관광·휴양기능을 중심으로 개발·정비할 필요가 있는 지역에 대해 지정하는 용도지구이다. 관광·휴양개발진흥지구로 지정되지 않는다면 건축물 허용용도 때문에 계획관리지역 중심으로 개발할 수밖에 없다. 관광휴양형 지구단위계획을 통해 개발할 수 있는 관광시설은 골프장, 스키장, 복합리조트, 수목원, 온천, 호텔 등 다양하다.

농어촌관광단지 개발사업

농어촌관광단지는 농어촌지역을 대상으로 관광시설을 조성하는 사업으로 용도지역의 제약이 없다. 농어촌지역은 대부분 비시가화지역이다. 해당 지자체 도시계획 조례상 용도지역의 건폐율과 용적률, 건축물 허용용도 등을 따라야 한다.

Case 농림지역 → 농림지역, 계획관리지역

농림지역에 조성된 수목원에 숙박시설과 관광 휴게시설을 추가 조성하기 위하여 계획관리지역으로 대부분 변경한 사례이다.

농림지역은 숙박시설과 관광 휴게시설이 허용되지 않아 계획관리지역으로 변경하고, 관광휴양형 지구단위계획을 수립하였다.

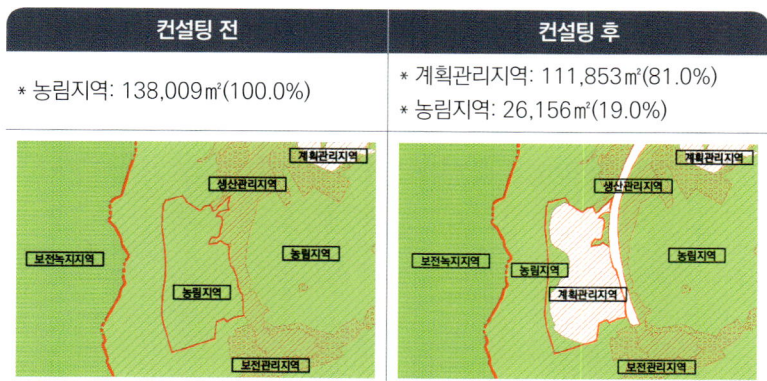

컨설팅 전	컨설팅 후
* 농림지역: 138,009㎡(100.0%)	* 계획관리지역: 111,853㎡(81.0%) * 농림지역: 26,156㎡(19.0%)

농림지역, 계획관리지역 → 계획관리지역

계획관리지역에 조성된 골프장과 인접한 농림지역을 골프장으로 증설하기 위해 계획관리지역 변경을 검토한 사례이다.

농림지역에 골프장을 조성하기 위해서는 계획관리지역으로 변경이 필요하여 별도 도시계획 절차를 받도록 검토하였다.

컨설팅 전	컨설팅 후
* 계획관리지역: 400,188㎡(83.2%) * 농림지역: 80,903㎡(16.8%)	* 계획관리지역: 481,091㎡(100%)

개발부담금의 근거법과 대상사업의 종류는 무엇인가요?

「개발이익환수법」에 근거하며, 대상사업은 다음과 같습니다.

1. 대지조성사업, 주택건설사업
2. 산업단지개발사업
3. 관광단지 조성사업(온천 개발사업 포함)
4. 도시개발사업, 지역개발사업 및 도시환경정비사업
5. 교통시설 및 물류시설 용지조성사업
6. 체육시설 부지조성사업(골프장 건설사업 및 경륜장·경정장 설치사업 포함)
7. 지목 변경이 수반되는 사업으로서 대통령령으로 정하는 사업

토지컨디션
Case Study

사업시행자는 대상지를 선정할 때 표고, 경사도, 생태자연도, 임상도 등의 토지컨디션을 충분히 살펴봐야 한다. 인허가 과정에서 개발가용지 규모와 인허가 기간 등 사업성에 미치는 영향이 크기 때문이다. 다음은 경사도, 생태자연도, 임상도에 대한 검토 사례이다.

경사도

경사도가 클수록 부지 조성 비용은 증가하고, 사면 발생으로 개발가용지가 상당히 축소될 수 있어 사업성에 악영향을 미칠 수 있다.

<사면(법면) 조성 시>

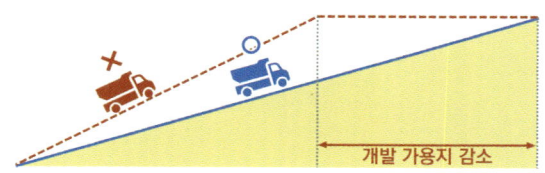

사면 대신 옹벽을 설치 할 수도 있다. 「산지관리법」에서 설치기준을 규정하고 있으며, 15m 이상의 옹벽을 설치 할 경우 5m 간격마다 1m 이상의 소단을 확보해야 한다.

Case 평균경사도 25° 급경사지 제척

평균경사도 25°가 넘는 급경사지 일부 지역에 대해 전략환경영향가 의견을 반영하여 구역계에서 제척한 사례이다.

컨설팅 전	컨설팅 후
* 경사도 25°초과: 16,208㎡(12.7%)	* 일부 급경사지 제척하여 구역계 조정

Case 급경사지 공원·녹지 검토

급경사지 지역을 공원·녹지로 계획하도록 검토한 사례이다.
평균경사도가 25°를 초과하는 지역이 골고루 분포하고 있고, 그 주변으로 경사가 완만하였다. 급경사지는 2~3단 법면으로 조성하는 공원·녹지로 검토하였다.

컨설팅 전	컨설팅 후
* 경사도 25° 초과: 9,947㎡(3.5%)	* 급경사지 공원·녹지 조성계획

생태자연도

 생태자연도 2등급지 축소

생태자연도 2등급지 중에서 표고, 경사도, 임상도 등을 고려하여 구역계의 면적을 대폭 축소 조정한 사례이다.

컨설팅 전	컨설팅 후
* 2등급지: 239,496㎡(90.7%)	* 2등급지: 97,400㎡(79.9%)

Case 생태자연도 1등급지 활용

대상지 경계에 분포하고 있는 생태자연도 1등급지에 대해 공원·녹지로 계획하여 토지이용계획을 수립한 사례이다.

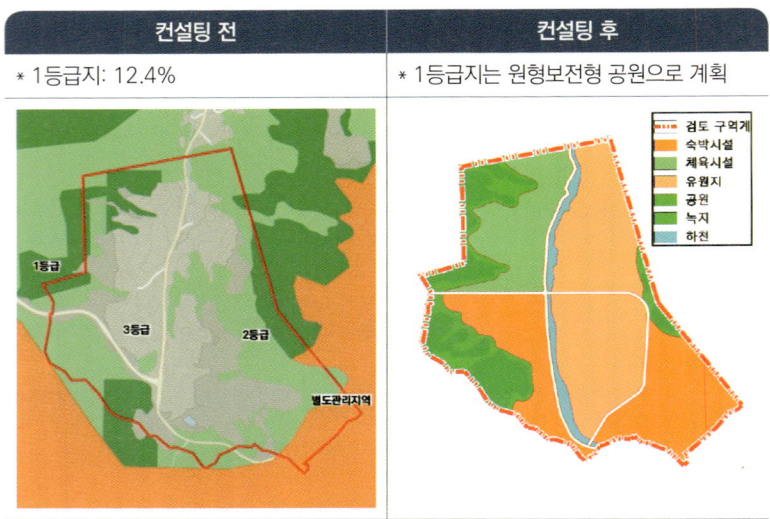

컨설팅 전	컨설팅 후
* 1등급지: 12.4%	* 1등급지는 원형보전형 공원으로 계획

임상도

사업대상지 내 5영급지 이상을 포함하고 있다면 2가지 방안을 고려할 수 있다.

① 5영급지 이상은 보전 의견이 나올 가능성이 높기 때문에 원활한 인허가 진행을 위해 대상지에서 제척하는 것이다. 5영급지 면적이 적고, 대상지 경계부에 있는 경우 적용할 수 있는 방안이다.

② 공원·녹지로 계획하는 것이다. 도시개발사업과 주택건설사업은 대상지 면적이나 세대수에 따라 일정 면적 이상의 공원·녹지를 확보해야 하는 점을 활용하는 방안이다. 원형 보전 성격의 공원·녹지는 기반시설로 인정하지 않는 지자체도 사전에 협의가 필요하다.

Case 5영급지 이상 지역 일부 제척

임상도 5영급지 이상이 사업대상지 경계부에 집중적으로 분포하여 제척한 사례이다.

대상지 경계부에 있는 5영급지는 경사도와 생태자연도 등을 고려하여 제척하고, 나머지는 공원으로 계획하였다.

컨설팅 전	컨설팅 후
* 5영급지: 12,351㎡(20.6%)	* 5영급지 일부 제척 및 공원으로 계획

5영급지 이상 지역 공원 계획

사업대상지 내부에 임상도 5영급지가 많은 면적을 차지하여 공원으로 계획한 사례이다.

5영급지가 대상지 중앙에 위치하고 있어 공원으로 조성하여 접근성을 제고하도록 토지이용계획을 수립하였다.

컨설팅 전	컨설팅 후
* 5영급지: 10,866㎡(1.59%)	* 5영급지 공원 계획

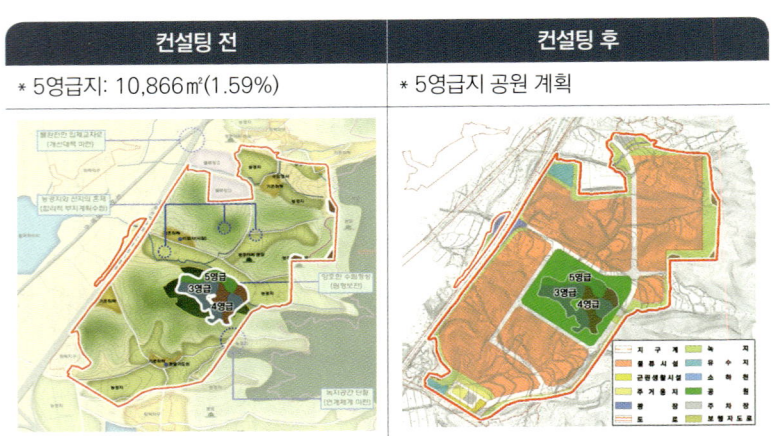

주변의 기반시설 활용
Case Study

사업대상지의 주변 기반시설 중 진입도로, 학교, 공급처리시설 등은 인허가 난이도와 사업성에 영향을 미치므로 대상지 선정 시 사전에 확인이 필요하다.

진입도로

주거용지와 산업(물류)용지는 개발 근거법에 따라 별도의 진입도로 기준이 있다. 개발 용도별로 아래 내용에서 자세히 설명하겠다.

관광용지 중 관광단지는 별도의 진입도로 기준이 없다. 관광휴양형 지구단위계획은 진입도로를 8m 이상으로 확보하도록 하고 있다. 농어촌관광단지는 「개발행위허가 운영지침」의 부지 규모에 따른 도로폭 확보 기준을 따라야 한다.

진입도로가 없거나 협소한 경우 진입도로 확보 방안은 2가지이다.

① 진입도로 대상지를 사업대상지에 포함하도록 구역계를 조정하는 것이다. ② 기간도로와 대상지 사이에 진입도로를 도시계획시설로 조성하여 해당 지자체에 기부채납하는 것이다. 구역계 조정과 도시계획도로 조성 방안 모두 토지 확보는 추가로 필요하다.

> **관련기사**　　　　**진입도로가 없다고?…2,000여 가구를 다 짓고도…**
>
> 민간임대주택지구로 개발하는 ○○2지구는 2016년 사업이 시작되어 아파트는 모두 건설을 마쳤으나 진입도로가 없는 '맹지 아파트'이다. 이 아파트 부지는 ○○시청 앞을 지나는 ○○대로에서 400m 정도 남쪽에 떨어진 곳에 위치하고 있다. ○○대로에서 단지로 들어오는 진입도로는 ○○구역의 도시개발 조합 소유이다.
>
> ○○시는 2016년 사업승인을 내 주면서 당시 사업에 속도를 내고 있던 ○○구역사업도 함께 진행하면 자연스럽게 도로가 생길 것으로 예상하고 이 진입도로를 ○○2지구와 같이 사용하도록 하였다. ○○구역 사업이 진행되지 않을 경우에는 ○○2지구와 ○○구역 사업시행자가 '협의'해 도로를 개설하는 조건을 달았다. 이를 근거로 ○○구역 조합은 준공 6개월 전까지 도로를 개설하는 대신 ○○2지구 사업시행자가 도로 개설 비용을 일부 부담하는 내용으로 2018년 1월에 합의서를 작성하였다.
>
> 문제의 발단은 현재 ○○구역 도시개발사업 조합이 2018년 1월 합의서 작성 이후에만 조합장과 집행부가 4번이나 바뀌었다. ○○구역 현 조합과 집행부는 과거 조합장과 집행부가 ○○2지구와 체결한 합의서는 '무효'라며 합의서 이행을 거부하고 있다. ○○구역 조합은 ○○2지구 사업시행자에게 땅을 매입해 도로를 개설하라고 요구하고 있다. 토지가격이 급등하여 토지매입은 현실적으로 불가능한 실정이다.

주거용지

주거용지의 진입도로 기준은 주택건설사업의 "주택건설기준 등에 관한 「규정」과 「규칙」"을 확인해야 한다. 「규정」은 주택단지의 세대수, 「규칙」은 주택단지의 부지 면적에 따라 진입도로 폭을 정하고 있다. 2개 기준을 모두 충족해야 한다. 진입도로가 2개일 때 4~6m 도로를 진입도로로 인정하는 경우는 기간도로와 통행거리가 200m 이내에 한한다. 아래 표는 「규정」과 「규칙」의 진입도로 기준이다.

<「주택건설기준에 관한 규정」(세대수 기준)>

주택단지 세대수	진입도로 1개	진입도로 2개
3백세대 미만	6m 이상	10m 이상
3백~5백세대	8m 이상	12m 이상
5백~1천세대	12m 이상	16m 이상
1천~2천세대	15m 이상	20m 이상
2천세대 이상	20m 이상	25m 이상

<「주택건설기준에 관한 규칙」(면적 기준)>

대지 면적	진입도로 1개	진입도로 2개
2만㎡ 미만	8m 이상	12m 이상
2만~4만㎡	12m 이상	16m 이상
4만~8만㎡	15m 이상	20m 이상
8만㎡ 이상	20m 이상	25m 이상

진입도로 신설

　토지컨디션은 양호하나 진입도로가 없어서 진입도로 확보를 위해 사업대상지 구역계를 조정한 사례이다.

　공동주택의 면적과 세대수 등을 고려하여 진입도로 기준에 부합할 수 있는 진입도로 폭을 15m로 검토하였다. 이후 대상지 주변의 로드뷰를 확인하고, 현장 조사를 통하여 진입도로의 적정 위치를 제시하였다.

컨설팅 전	컨설팅 후
* 진입도로: 없음	* 진입도로 폭: 15m

 기간도로 개설 및 진입도로 신설

　사업대상지의 원활한 교통 소통을 위하여 기간도로 개설 및 진입도로의 추가 확보를 검토한 사례이다.

　진입도로는 2개의 현황도로를 활용하도록 검토하였으나, 도로폭이 협소하여 진입도로 기준에 미달하였다. 대상지 남측에 미집행된 도시계획도로를 기간도로로 개설하도록 검토하고, 사업시행자가 공사비 일부를 부담하는 내용으로 해당 지자체와 협의하였다. 대상지와 기간도로를 직접 연결하는 진입도로도 추가로 계획하였다.

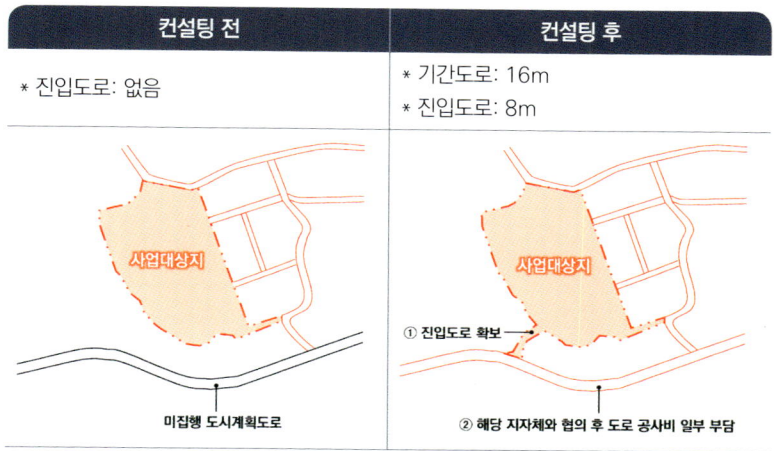

Case 진입도로 폭 추가 확보

주택건설사업 진입도로 폭 기준을 미충족하여 사업대상지 구역계 일부를 도로로 활용한 사례이다.

대상지 면적은 4만㎡ 미만이고, 계획 세대수가 600세대이다. 이 경우 12m 이상의 진입도로가 필요하나, 도로 폭이 6m 밖에 되지 않았다. 기존 진입도로와 접한 대상지 일부를 진입도로로 활용하고, 도로 폭을 15m로 검토하였다.

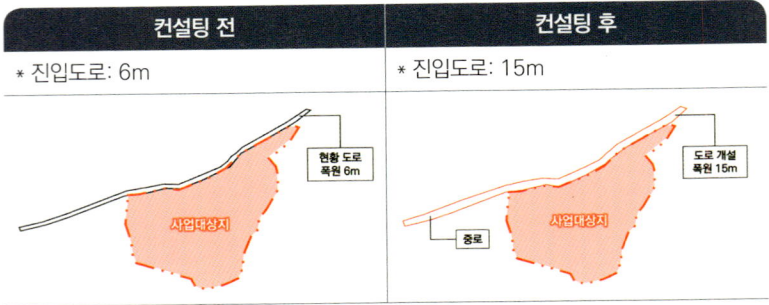

산업(물류)용지

산업(물류)용지는 대형 차량의 교통량이 많이 발생하는 특징이 있다. 고속도로, 국도, 간선도로 등의 기간도로와 대상지가 원활하게 연결될 수 있는 진입도로 확보가 중요하다. 사업대상지까지 진입도로를 확보하지 못하거나 진입도로 폭원이 충분하지 않다면 도로 확보 대안을 다각적으로 검토해야 한다. 개발방식에 따라 진입도로 폭원의 기준이 다르다.

산업단지와 물류단지는 관련 지침에서 '단지 내' 간선도로의 폭을 15m 이상 확보하여 대형 차량의 통행과 교통 소통에 지장이 없도록 하고 있다. 진입도로 폭은 기간도로와 연결 시 병목 현상이 발생하지 않도록 최소 15m 이상이 필요하다. 물류단지는 실수요 검증에서 진입도로의 신설과 확폭이 필요한 노선 길이에 따른 평가를 하고 있다.

산업유통형 지구단위계획은 「지구단위계획 수립지침」에서 구역의 경계에서 기간도로에 연결되는 진입도로 폭은 8m 이상을 확보하도록 하고 있다. 교통성검토와 도시·건축공동위원회 심의 결과에 따라 추가 확보가 필요한 경우도 있다.

개발행위허가는 「개발행위허가 운영지침」의 도로계획 기준을 확인해야 한다. 진입도로 폭은 부지 규모에 따라 다르므로 교통 발생량을 고려하여 적정하게 확보하여야 한다.

<개발행위허가 운영지침의 도로계획 기준>

부지 면적	도로폭
5천㎡ 미만	4m 이상
5천~3만㎡	6m 이상
3만㎡ 이상	8m 이상

Case) 진입도로 접속 구간 확대

물류단지 개발 후보지의 진입도로가 광장에 접속하는 사례이다.

진입도로로 연결하려는 기간도로가 광장과 인접하여 교차로 형성이 어렵다고 판단하였다. 광장에서 진입도로로 직접 접속할 경우 교통 처리와 안전상 문제가 예상되었다. 기간도로와 인접한 땅을 추가 매입하여 진입도로 접속 구간을 확대하도록 검토하였다.

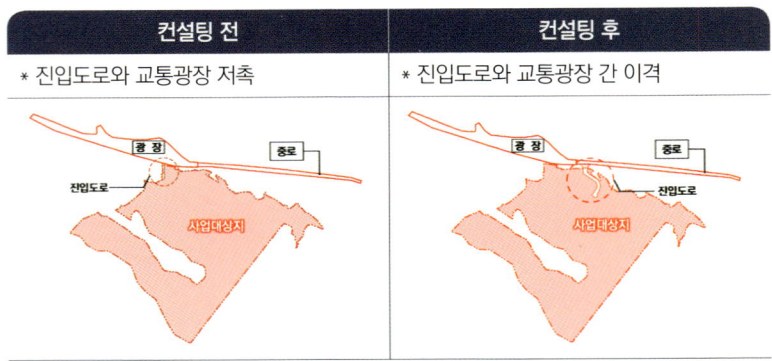

Case 국도와 접속 시 진입도로 교차로 조성 불가

 산업유통형 지구단위계획구역의 진입도로가 국도와 접속하고 있으나 교차로 조성이 불가능한 사례이다.

 국도와 접한 지점에 교차로를 조성하기 위해 해당 국도관리사무소와 수차례 협의하였으나, 관련 기준의 적용에 대한 해석 차이로 교차로를 조성할 수 없었다.

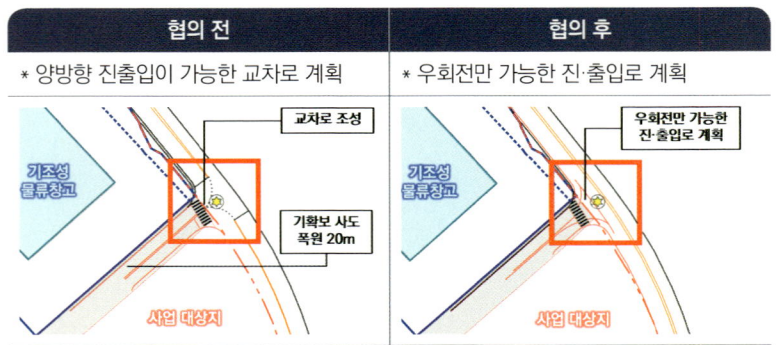

Case: 미집행된 도시계획도로의 진입도로 활용

창고용지의 진입도로로 미집행 도시계획도로를 활용한 사례이다.

창고용지 서측과 남측은 간선도로, 보조간선도로가 있으나 직접 진출입을 할 수 없었다. 지자체와 협의 결과, 대상지 북측 미집행 도시계획도로를 진입도로로 활용하도록 하였다. 사업시행자가 도로건설비 일부를 부담하면 창고용지의 조성 일정 내에 진입도로 개설이 가능하다고 하였다.

미집행된 도시계획도로의 활용을 고려할 경우 2가지를 확인해야 한다. ① 창고용지의 조성 일정 내에 도시계획도로의 개통 여부 ② 도시계획도로의 개통 시기가 불투명한 경우 사업시행자가 일부 사업비를 부담하면 필요한 일정 내에 개통 가능 여부

컨설팅 전	컨설팅 후
* 미집행 도시계획시설 진입도로로 검토	* 도로 개설 비용 사업시행자 일부 부담

학교 배정

상주인구가 발생하는 공동주택, 주거복합아파트, 오피스텔 등의 개발사업은 교육지원청과 사전 협의가 중요하다. 학교 배정 여부에 따라 사업 추진 여부가 결정될 수 있다. 학급 수 배정에 따라 개발할 수 있는 세대수가 달라지기도 한다.

Case. 초등학교 통학거리 초과

초등학교의 학교 배정에는 여유가 있으나, 사업대상지와 초등학교 간 최대 통학거리를 초과한 사례이다.

초등학교의 통학거리 기준은 500~700m이고, 최대 1km 이내이다. 교육지원청은 사업대상지가 해당 초등학교와 통학거리 기준이 초과함에 따라 대안 마련을 요구하였다. 사업시행자는 대상지와 학교 간 셔틀버스 운영을 대안으로 제시하였다.

컨설팅 전	컨설팅 후
* 학급 수: 30학급 * 통학거리: 약 1.8km	* 셔틀버스 운행: 45인승 2대, 3코스 등하교 각각 운행

Case 통학거리 내 초등학교 증설

사업대상지로부터 통학거리 500m 이내에 초등학교가 위치하고 있으나, 학교 배정의 여유가 없어 증설하는 사례이다.

학교 배정에 여유가 없는 경우 2가지의 대안이 있다. ① 학교의 수직 증축이나 빈 교지를 활용한 증축을 통해 기존 학교 내에서 학급을 증설하는 것이다. ② 학교의 인근 부지를 추가 확보해서 학교용지로 변경하고 학급을 증설하는 것이다. 인근 부지의 토지 매입과 학급 증설의 건축 비용은 사업시행자가 대부분 부담해야 한다.

이번 사례는 학교의 인근 부지를 추가 확보하는 대안으로 교육지원청과 협의하였다.

컨설팅 전	컨설팅 후
* 학급 수: 28학급 * 학교 부지 면적:13,880㎡	* 학급 수: 49학급 (21학급 증설) * 학교 부지 면적:19,800㎡

 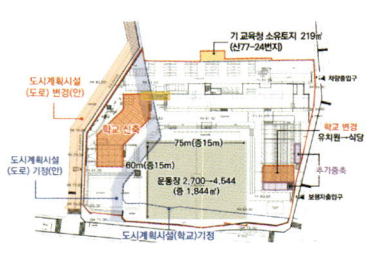

공급처리시설(상·하수도)

주거용지는 개발사업 후 상주인구가 많이 증가하므로 사전에 상·하수도의 공급처리를 확인해야 한다. 사업대상지에 대한 정수장의 상수 공급과 하수처리장의 하수 처리 가능 여부를 파악해야 한다.

산업용지와 물류용지는 필수 공급처리시설이 다르다. 용수 공급의 경우 산업용지는 공업용수를 공급받는다. 물류용지는 상수 사용량이 적어서 대부분 지하수를 사용하기 때문에 수량, 오염 등의 지하수 영향 조사가 필요하다. 폐수 처리의 경우 산업용지는 용지 내 자체 폐수처리장을 설치하거나 주변 폐수처리장에 위탁 처리한다. 물류용지는 오수정화조, 하수처리장, 하수관로 유입 등으로 처리한다.

 관련기사 **남부 50년만의 최악가뭄, 산단 공장 교대로 스톱**

○○댐은 ○○ 지역의 '젖줄'이자 '생명선'으로 불린다. ○○도 11개 지방자치단체의 식수원인 동시에 세계 최대 석유화학단지인 ○○국가산업단지와 철강업체들이 모인 ○○국가산업단지의 공업용수 공급원이다. 하지만 가뭄이 길어지며 이 젖줄이 말라 가고 있다.
가정과 상가는 절수 캠페인에 나섰고, ○○산단 공장들은 생산 일정 조정을 시작했다. 지난해 1월만 해도 ○○산단은 하루 평균 75여만t의 공업용수를 사용했다. 그러나 올해부터는 일평균 사용량이 70여만t으로, 5만t이나 줄었다. 물 공급이 어려워지자 이에 맞춰 공장 가동을 줄인 것이다.

관광용지는 주거용지와 비슷하다. 상수는 규모가 작을수록 지하수, 규모가 클수록 생활용수를 사용한다. 하수는 규모가 작을수록 오수

정화조, 규모가 클수록 인근 하수처리장에서 처리한다. 시설관망이 구축되어 있는 시가지와 거리가 먼 경우 상·하수도를 비롯한 공급처리시설의 연결 비용이 많이 발생할 수 있다.

 급수지역 및 하수처리구역 내 공급 검토

상수도는 인근 배수지에서 관입하여 공급하고, 하수도는 하수처리장으로 전량 유입처리를 검토한 사례이다.

인근 하수처리장의 여유 용량이 없어 해당 지자체와 협의하여 하수처리기본계획을 변경하도록 협의하였다.

컨설팅 후	
* 상수도 계획: 인근 배수지 연결	* 하수도 계획: 인근 하수처리장 증설

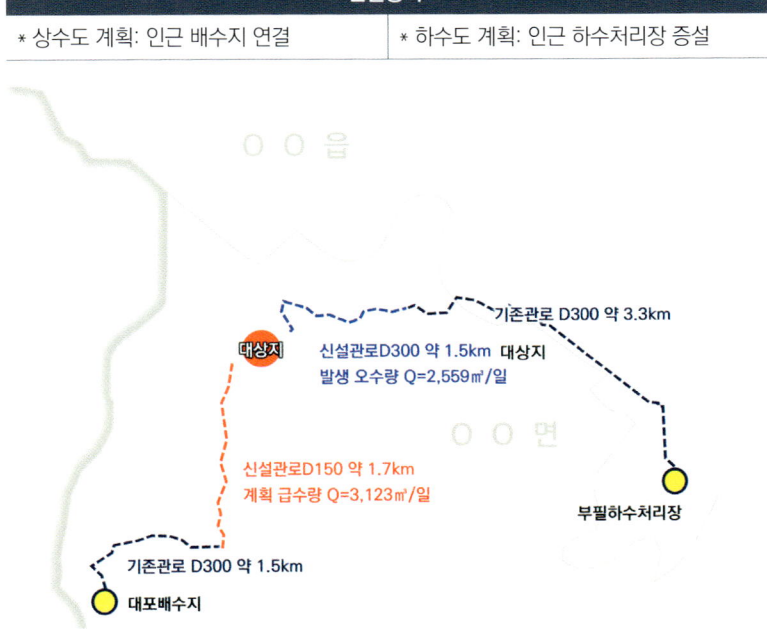

급수지역 및 하수처리구역 외 공급 검토

급수지역 및 하수처리구역 밖에 물류 창고의 설치를 검토한 사례이다.

대상지 주변 지하수 영향 분석 결과, 주변 상수원이 풍부한 것으로 조사되어 용수량 산정 후 지하수 시설계획을 수립하였다. 하수처리시설은 자체 설치하여 정화처리하도록 하였다.

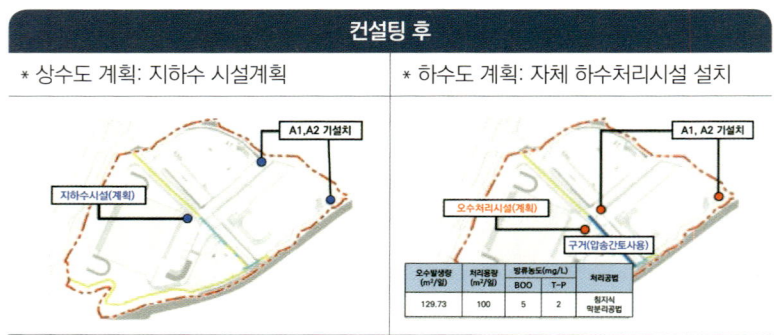

해당 시·군과 교감
Case Study

도시기본계획 인구 및 시가화예정용지 물량

일정 규모 이상의 토지개발사업을 하려는 사업시행자는 도시기본계획의 생활권 인구배분 물량과 시가화예정용지별 물량의 여유분이 있는지 해당 지자체에 확인해야 한다.

시가화예정용지의 용도별 사용 명칭은 수립하는 시·군마다 차이가 있다. 일반적으로 주거용, 상업용, 공업용, 비도시지역 지구단위계획으로 구분하고 있다.

주거용지는 주거용과 비도시지역 주거형으로 구분한다. 개발사업의 검토 초기에 해당 생활권 인구배분 물량과 시가화예정용지 물량을 확인해야 한다.

산업(물류)용지는 공업용과 비도시지역 산업유통형으로 구분한다. 산업단지와 물류단지 개발 시 대부분 적용하는 「산업단지 절차 간소화법」에서 도시기본계획 물량 확보의 유연성을 부여하고 있다. 도시기본계획의 시가화예정용지 전체 물량의 30% 범위 내에서 도시기본계획의 변경 없이 산업단지와 물류단지의 계획을 승인할 수 있다.

관광용지는 상업용과 비도시지역 관광휴양형으로 구분한다. 관광용지를 상업용으로 분류하는 이유는 「도시기본계획 수립지침」에서 상업용지의 소요량 산출 시 관광용지의 수요를 포함하고 있기 때문이다.

Case 인구 및 시가화예정용지 물량 배정 불가

○○시 ○○동 일원에 자연녹지지역인 18만㎡의 사업대상지를 주택단지로 개발하기 위해 인구 및 시가화예정용지 물량을 확인한 사례이다.

사업대상지는 ○○시 남부생활권이고, 주거용지 잔여 물량은 없는 것으로 확인되었다. ○○시와 협의한 결과, 주거용지 물량뿐만 아니라, 인구배분 물량도 대부분 소진됨에 따라 도시기본계획 변경이 필요하다는 의견이었다. 사업시행자는 도시기본계획 변경 요청을 위해 관련 자료를 작성하여 ○○시에 제출하였다.

시가화예정용지 검토

여유 물량 확인

구분		시가화예정용지(km^2)				
		1단계 (2020년)	2단계 (2025년)	3단계 (2030년)	4단계 (2035년)	합계
합계	계	3.658	1.040	1.512	0.655	6.865
	주거	0.605	0.683	0.866	0.655	2.809
	공업	-	-	-	-	-
	복합	3.053	0.357	0.646	-	4.056
남부 생활권	계	0.959	0.357	0.750	-	2.066
	주거	0.175	-	0.750	-	0.925
	공업	-	-	-	-	-
	복합	0.784	0.357	-	-	1.141

Case 공업용 시가화예정용지 물량 배정

사업대상지는 ○○시 ○○리에 위치한 개별 공장이다. 공장 조성 당시에는 구 준농림지역으로 건폐율이 40%였다. 2003년 자연녹지지역으로 변경되어 건폐율이 20%로 줄어들어 공장 증설이 어려운 상황이었다. 2014년 경기도는 이러한 실태를 해소하기 위해 한시적인 규제 완화 조치로 공업지역 변경을 허용하였다.

자연녹지지역을 공업지역으로 변경하기 위해 시가화예정용지 물량을 확인한 사례이다.

사업대상지는 ○○시 동부생활권이고, 공업용 시가화예정용지 잔여 물량이 있어 공업지역으로 변경이 가능한 것으로 파악되었다. 도시계획 절차를 거쳐 일반공업지역으로 변경하였다.

여유 물량 확인

구분		계	1단계 (2015)	2단계 (2016~2020)	3단계 (2021~2025)	4단계 (2026~2030)
계	계	15.34	-	8.14	4.64	2.56
	주거용지	6.85	-	4.89	1.96	-
	상업용지	-	-	-	-	-
	공업용지	0.79	-	0.67	0.12	-
	지구단위계획	7.70	-	2.58	2.56	2.56
동부 생활권	소계	4.60	-	3.69	0.91	-
	주거용지	4.07	-	3.16	0.91	-
	상업용지	-	-	-	-	-
	공업용지	0.53	-	0.53	-	-

지자체 정서

개발 수요가 많은 수도권 시·군은 주거용지 개발과 관련한 내부 기준을 가지고 있다. 「○○시 지구단위계획 수립 지침」, 「○○시 도시개발운영규정」, 「○○시 시가화예정용지 규정」 등 명칭은 다양하다. 해당 시·군의 여건과 특성에 맞는 인허가의 진행이 필요하여 별도의 기준을 마련하고 있다. 개발 수요가 많은 시·군일수록 운영하는 경우가 많다.

국토교통부나 법제처에 질의를 할 경우 인허가권자에게 최종 확인하라는 회신이 많은 점을 고려하면 지자체 내부 기준 확인은 반드시 필요하다.

자치법규정보시스템에서 해당 지자체의 「지구단위계획 수립지침」 또는 운영 규정 등을 검색하여 확인할 수 있다. 내부 기준을 비공개로 운영하는 지자체도 있다. 이 경우 해당 지자체 담당 부서에 직접 확인이 필요하다. 사업대상지가 지자체 기준에 적합한지? 사업제안서를 제출할 수 있는지? 등을 파악할 수 있기 때문이다.

아무리 법적으로 문제가 없고 체크포인트상 관련 내용에 부합하더라도 지자체 의견이 중요하다는 것을 다시 한번 강조한다. 지자체 담당 공무원에게 확인해야 하는 주요 내용은 개발 입지 가능성, 주요 기반시설 활용 여부, 개발 용적률, 공공기여 등이 있다.

개발사업 방식별 인허가 소요 기간은 왜 다른가요?

▶ 개발사업의 구역(단지) 지정권자에 따라 달라집니다.
도시개발사업의 경우 경기도는 구역 면적이 10만㎡ 이상인 경우 지정권자가 경기도지사이고(대도시는 시장), 구역 면적 10만㎡ 이하(자연보전권역은 6만㎡ 미만)는 시장, 군수가 지정권자입니다. 인천광역시는 사업대상지 해당 구청장이 입안권자이고, 인천광역시장이 구역 지정권자입니다.

▶ 농지와 산지의 전용 협의는 면적에 따라 협의권자가 달라집니다.

▶ 학급 배정에 대한 해당 교육지원청 협의 내용에 따라 달라집니다.

물류단지 지정권자는 시·도지사이다. 실수요 검증부터 물류단지 계획 심의까지 대부분 해당 시·도에서 이루어진다. 실수요 검증에서 물류단지계획 승인까지 시·군의 의견을 전달할 수 있는 절차가 없다 보니 최근에 해당 시·군에서 반발하는 사례도 있다. 주요 사유는 물류단지 개발로 인해 발생하는 주민 민원과 시·군의 교통 문제 발생이다.

 지자체 신규 물류단지 반대

 관련기사 ○○시, 신규 물류단지 반대 입장 표명

○○시가 최근 경기도에 '물류단지 과밀화에 따른 건의사항'을 제출하여 신규 물류단지 반대 입장을 다시 표명했다. ○○시가 경기도에 제출한 건의사항은 ○○물류단지 예정 부지의 토지소유자인 종중이 해당 토지를 물류단지 시행자에게 매각을 결정함에 따라, 신규 물류단지 반대 입장을 분명히 밝히기 위해 제출했다.

○○시는 도시의 공간 구조와 장기 발전 방향을 제시하는 도시기본계획 및 도시관리계획상 보전 용도로 지정된 토지에 대한 무분별한 물류단지 개발사업에 따라 주민 피해가 지속적으로 가중되고 있는 상황이다. 특히, 지역 주민들은 각종 시위와 집회를 추진하고 ○○시에 시민 청원 및 국민 신문고에 민원을 제기하는 등 강하게 반대하고 있다.

이와 관련 ○○○시장은 "물류단지 조성에 따른 지역주민의 반대 여론은 대부분 도로·교통문제에 기인하고 있다"며 "물류단지 통행차량에 대한 교통정체 유발 등의 민원이 해결되지 않은 상황에서 신규 물류단지 입지는 지역주민의 불편과 반감을 더욱 확산시킬 것"이라고 말했다.

관광용지 개발은 환경 오염을 최소화하면서 관광객 유입으로 지역 경제에 긍정적 영향을 미치기 때문에 지자체가 대부분 찬성하는 입장이다. 다만, 골프장의 경우 지역 주민의 이해관계와 환경 파괴 등을 이유로 지역 주민과 환경단체의 반대가 심하다. 골프장을 개발할 경우 지역 주민과 충분한 사전 협의와 교감이 필요하다.

 골프장 조성 주민 반대

 관련기사   ○○에 또다시 골프장 조성 주민들 반대

○○군 ○○면 입구에 대규모 골프장 건설 움직임이 일자 주민들이 크게 반발하고 있다.
골프장 조성이 알려지면서 ○○면 주민들은 기존 골프장도 있는데, 항구 입구에 또 다른 골프장을 조성하는 것은 주민들을 무시한 처사라며 반대하고 있다. ○○면 주민자치회 등 지역사회단체에서 조만간 골프장 주민반대대책위를 구성해 골프장 반대 현수막을 내걸고 본격적인 골프장 건설 철회 투쟁을 펼치겠다고 한다.
또한, 주민들은 골프장 예정지는 ○○군 관광명소가 인근에 있어 골프장 조성이 맞지 않다고 한다. 특히 골프장 예정지는 수령 50~70년 이상 소나무가 군락을 이루고 있어 산림과 자연훼손을 해서는 안되고 산림보호구역으로 지켜나가야 한다는 주장이다. 여기에다 인근 ○○항구는 수많은 물고기의 산란지로 수산자원보호구역이다.

공공기여(기부채납)

지구단위계획은 기부채납을 통해 사업시행자가 부담하는 기반시설의 규모에 따라 건폐율, 용적률, 높이 제한을 완화해 주고 있다. 2021년부터 용도지역 상향, 도시계획시설 변경 등으로 발생하는 토지 가치 상승분에 대해 기반시설의 설치비용을 현금으로 납부할 수 있도록 기부채납 범위를 확대하였다.

도시개발사업의 기부채납 대상은 기본적으로 사업대상지 내 도시계획도로, 주차장, 공원·녹지 등이다. 계획 세대수가 4천 세대 이상이면 초등학교 신설도 고려해야 한다. 사업시행자가 조성한 기반시설은 해당 지자체에 소유권을 대부분 이관한다.

공원·녹지는 「공원녹지법」에 근거하여 개발 면적이나 세대수에 따라 일정 규모를 확보해야 한다. 주차장은 시·군 주차장 조례에서 개발 면적의 0.6% 이상 확보하도록 하는 경우가 많다.

필자는 32만㎡의 도시개발사업 컨설팅 의뢰를 받은 적이 있다. 대상지가 30만㎡ 이상이면 공원·녹지를 2배 이상 확보가 필요하여 사업성이 저하되는 점을 사업시행자에게 설명하고 대상지 면적을 축소하도록 조언하였다.

대상지 밖에 인접한 공원이나 녹지가 있으면 대상지 내부의 공원·녹지를 줄일 수 있는지에 대한 질문을 종종 받는다. 공원·녹지는 「공원녹지법」에 의한 확보 기준을 따라야 하며, 사업대상지 내에서 확보해야 한다. 아래 표는 개발사업별 공원·녹지 확보 기준이다.

<개발사업별 공원·녹지 확보 기준>

개발계획 \ 기준	공원·녹지 확보 대상	공원·녹지 확보 기준
도시개발계획	1만~30만㎡	상주인구 1인당 3㎡ 이상 또는 개발 부지 면적의 5% 이상 중 큰 면적
	30만~100만㎡	상주인구 1인당 6㎡ 이상 또는 개발 부지 면적의 9% 이상 중 큰 면적
	100만㎡ 이상	상주인구 1인당 9㎡ 이상 또는 개발 부지 면적의 12% 이상 중 큰 면적
주택건설사업계획	1천세대 이상	1세대당 3㎡ 이상 또는 개발 부지 면적의 5% 이상 중 큰 면적
대지조성사업계획	10만㎡ 이상	1세대당 3㎡ 이상 또는 개발 부지 면적의 5% 이상 중 큰 면적
도시정비계획	5만㎡ 이상	1세대당 2㎡ 이상 또는 개발 부지 면적의 5% 이상 중 큰 면적
그 밖의 개발계획	주거용도로 계획된 지역	상주인구 1명당 3㎡ 이상

출처: 「공원녹지법 시행규칙」[별표 2]

관광용지 중 관광단지는 기반시설 확보 기준이 없다. 다만 광장, 녹지, 공공공지, 공동구, 하천, 유수지 등 「국토계획법」에 정한 기반시설을 새로 설치하거나 기존의 기반시설을 대체하는 경우 관리청에 무상으로 귀속해야 한다. 관광휴양형 지구단위계획은 건폐율과 용적률 완화에 따른 기부채납은 없으나, 지역 사회 등에 필요한 시설 등을 해당 지자체와 협의하여 공공기여를 하는 경우가 있다. 대부분의 퍼블릭 골프장은 지역 주민에게 이용 요금을 일부 감면하는 공공기여를 하고 있다.

주거용지

　기부채납 적용 기준은 개발 근거법에 따라 다르며, 지자체가 별도의 기준을 마련하여 적용할 수도 있다. 「지구단위계획 수립지침」과 경기도 관련 기준을 비교해 보면 이러한 차이를 확인할 수 있다.

　「지구단위계획 수립지침」에서 기부채납 비율은 구역계 면적의 10~20%에서 지자체와 협의하여 결정하고, 최대 25%를 원칙으로 하고 있다.

　경기도는 「주거용지 조성을 위한 용도지역 변경 및 공공기여시설 기부채납 검토 기준」을 운영하고 있다. 경기도 일부 시·군은 용도지역이 상향되는 지구단위계획뿐만 아니라 도시개발사업에서도 적용하는 경우가 있다. 이 기준에서 용적률 변경분에 대한 공공기여시설 부담 비율을 35%로 정하고 있다.

　여기서 기반시설 부담 비율에 대한 오해가 생길 수 있어 간단한 예를 들어 설명하겠다. 자연녹지지역 용적률이 100%인 사업대상지를 제2종일반주거지역으로 변경하면서 개발용적률을 200%로 적용할 경우 기반시설은 얼마나 부담해야 할까? 아래 산식을 보면 35%를 기반시설로 부담해야 하는 것으로 생각할 수 있다. 실질적으로는 더 적게 부담할 가능성이 아주 높다. 제2종일반주거지역으로 변경하는 대상은 대부분 공동주택용지이기 때문이다. 공원·녹지, 주차장 등은 자연녹지지역으로 유지하여 용적률이 상향되지 않으므로 기부채납 대상에서 제외된다.

　경기도 시·군과 인천광역시의 도시개발사업 사례를 보면 기반시설 부담 비율의 범위는 사업대상지 면적의 25~50%이다. 구체적인 부담 비율은 토지이용계획과 용도지역 변경 후 개발용적률에 따라 달라진다.

<경기도 「주거용지 조성을 위한 용도지역 변경 및
공공기여시설 기부채납 검토 기준」>

용도지역 변경으로 용적률이 증가되는 경우 공공기여시설 기부채납 부담량은 용도지역 변경 전 용적률 대비 용적률 증가분의 35%에 해당하는 토지 면적을 기준으로 한다.

〈공공기여시설 기부채납 부담 기준 산식〉
- 공공기여시설 부담 면적(m^2)
  = 지구단위계획구역 면적(m^2) × 공공기여시설 부담 비율(%)
- 공공기여시설 부담 비율(%)
  = 〔(용도지역 변경 후 용적률 − 용도지역 변경 전 용적률) / 용도지역 변경 전 용적률〕 × 35(%)

주택건설사업의 기부채납 부담 비율은 해당 사업부지 면적의 8% 범위 내로 하고 있다.

다만, 다음과 같은 조건일 경우에 추가 부담할 수 있다. ① 건축위원회가 인정하는 경우, 승인권자는 건축위원회에 상정한 기부채납 토지 면적 비율의 50% 범위 내에서 추가할 수 있다. ② 용도지역 내 상향(예: 제2종일반주거지역 → 제3종일반주거지역)하는 경우, 승인권자는 사업시행자와 협의하여 최대 상한에 10%를 추가할 수 있다.

③ 용도지역 간 변경(예: 자연녹지지역 → 제2종일반주거지역)을 하는 경우, 승인권자는 변경된 용적률과 토지 가치 등을 고려하여 별도의 부담 기준을 정할 수 있다.

> **Case** 기부채납 비율에 따른 개발용적률 산정

용인시 ○○동의 제1종일반주거지역을 제2종일반주거지역으로 상향하면서 개발용적률에 따른 기부채납을 검토한 사례이다.「용인시 지구단위계획 수립 지침」에 근거하여 기부채납 비율에 따른 개발용적률 범위를 다양하게 검토하였다.

제2종일반주거지역으로 종상향		기부채납시설		개발용적률
기준용적률	상한용적률	면적	구성비	
180%	240%	8,000㎡	16.2%	200%
		8,700㎡	17.6%	205%
		9,400㎡	19.0%	210%
		10,100㎡	20.4%	215%
		10,700㎡	21.7%	220%
		11,300㎡	22.9%	225%
		11,900㎡	24.1%	230%
		12,500㎡	25.3%	235%
		13,000㎡	26.5%	240%

※ 기부채납시설은 인근 지역 주민도 이용 가능 시설만 해당(용인시 확인)

용도지역 상향에 따른 기부채납시설 면적 산정

오산시 ○○동의 제1종일반주거지역을 제3종일반주거지역으로 상향하기 위한 기부채납 비율을 검토한 사례이다. 개발용적률별로 기부채납시설 면적을 산정하였다.

구분	기준용적률	상한용적률
제1종일반주거지역	180% 이하	200% 이하
제2종일반주거지역	200% 이하	230% 이하
제3종일반주거지역	220% 이하	250% 이하

· 필요 기반시설 검토: 공원·녹지, 노외주차장, 도로

현재 용적률	개발용적률	기부채납 면적
180% (제1종일반주거지역)	230% (제2종일반주거지역)	약 850㎡(9%)
	250% (제3종일반주거지역)	약 1,150㎡(12%)
	400% (준주거지역)	약 2,900㎡(30%)

※ 주거용지 조성을 위한 「용도지역 변경 및 공공기여시설 기부채납 검토기준」 적용 (2020. 12. 경기도)

민간 도시개발사업 기반시설률과 용적률 사례

주거용지의 개발용적률은 사업대상지의 세대수를 결정하기 때문에 사업성과 직결되는 중요한 지표이다. 기반시설률은 개발용적률과 대부분 연동하고 있다. 도시개발사업이 활발한 경기도 시·군과 인천광역시 사례를 통하여 관련 내용을 살펴보겠다.

공공기여는 개발사업을 함으로써 당연히 발생하는 기반시설의 추가로 사업시행자가 부담하는 것이다. 예를 들어 진입도로가 연결되는 기간도로의 사업비 부담, 자족시설용지 중 일부를 해당 지자체가 필요한 창업 보육 센터의 제공 등을 들 수 있다.

경기도 시·군 사례

경기도 시·군에서 구역 지정 및 개발계획 승인 또는 실시계획 인가 중이거나 완료된 49개 구역의 사례를 분석하였다. 평균 구역 면적은 17.6만㎡이고, 평균 기반시설률은 33%이다. 10만㎡ 이하인 구역은 이 중 70%를 차지하는 34건이며, 평균 면적은 4.6만㎡, 평균 기반시설률은 약 27%이다. 공동주택의 개발용적률은 150~230%의 범위를 형성하고 있다. 용도지역을 변경할 경우 개발용적률은 해당 지자체 도시계획 조례의 용도지역 상한선보다 낮게 부여하고 있다. 시·군에 따라 동일 용도지역이더라도 용적률 상한선이 다르다. 제2종일반주거지역의 경우 수원시는 250% 이하, 오산시는 230% 이하이다.

기반시설률 범위는 30%±5%이다. 구역 면적이 크고, 공동주택 용적률이 높을수록 기반시설률이 커지는 경향이 있다.

<경기도 기반시설률 및 용적률 사례>

시·군	구역명	면적(㎡)	기반시설률(%)	공동주택 용적률
가평군	가평 대곡지구	26,021	27.0	-
	가평 대곡2지구	28,184	17.9	60% 이하
	가평 신천2지구	14,316	28.7	-
	가평 읍내2지구	13,726	15.8	-
안성시	공도 만정(신기)지구	42,183	32.9	-
	공도 만정지구	52,999	26.5	-
	공도 승두지구	94,873	31.6	230% 이하
	공도 승두2지구	96,878	22.1	-
	공도 양기지구	56,818	32.6	-
	공도 양기2지구	75,417	33.2	230% 이하
	공도 용두2지구	61,082	18.4	230% 이하
	공도 진사지구	71,421	31.8	-
	원곡 외가천지구	50,671	27.3	180% 이하
	죽산지구	28,283	20.9	230% 이하
수원시	권선지구	993,150	49.8	200% 이하
김포시	걸포지구	239,912	49.4	225% 이하
	김포 감정1지구	337,356	35.0	220% 이하
	김포 풍무5지구	305,852	46.5	200% 이하
	김포 풍무역세권	874,344	51.5	-
남양주시	남양주 월산4지구	42,929	26.4	230% 이하
	창현3도시	24,559	23.8	-
고양시	벽제 제1지구	69,102	46.6	-
안산시	석수골 역세권	74,716	42.0	550% 이하
성남시	성남 판교대장	920,481	53.7	-
양주시	양주 가석	185,350	43.7	-

시·군	구역명	면적(㎡)	기반시설률(%)	공동주택 용적률
양평군	양평 공흥3지구	29,909	24.6	-
	양평 공흥지구	22,411	25.0	-
	양평 빈양지구	29,648	15.0	-
	양평 삼산지구	167,338	47.6	80% 이하
	양평 용담지구	10,417	31.8	-
양평군	양평 창대1지구	29,544	22.2	-
	양평 창대2지구	29,200	17.9	-
여주시	여주 현암지구	51,532	31.3	-
용인시	용인 동천구역	473,776	48.4	150%이하
	중동(동진원)	397,075	38.8	200% 이하
의왕시	의왕 백운밸리	954,979	48.9	180% 이하
	의왕 장안지구	267,888	52.4	200% 이하
이천시	이천 부악지구	41,798	25.6	-
	이천 사동	29,844	36.7	-
	이천 사동2지구	43,393	28.3	-
	이천 송정1구역	50,931	29.4	-
	이천 진암지구	20,854	17.7	-
평택시	평택 소사	95,051	49.6	-
	평택 신흥지구	209,900	48.9	200% 이하
	평택 안정지구	93,711	25.0	200% 이하
	평택 현촌지구	575,054	60.8	-
포천시	포천 가산지구	31,436	13.2	-
	포천 선단지구	35,769	17.2	-
하남시	하남 지역현안사업 1지구	155,385	35.6	200% 이하

출처: https://www.jigu.go.kr

인천광역시 사례

인천광역시에서 구역 지정 및 개발계획 승인 또는 실시계획 인가 중이거나 완료된 15개 구역 사례를 분석하였다.

평균 구역 면적은 약 35만㎡이고, 평균 기반시설률은 43%이다. 20만㎡ 이하인 구역은 이 중 50%를 차지하는 8건이며, 평균 면적은 약 8.3만㎡이고, 평균 기반시설률은 약 41%이다.

공동주택의 개발용적률은 200~300%의 범위를 형성하고 있다. 기반시설률은 35~52%의 범위를 보이고 있으며, 사업대상지의 개발내용에 따라 편차가 크다. 경기도에 비해서 공동주택의 개발용적률 평균이 높고, 기반시설률도 높은 편이다. 인천광역시는 부족한 공원·녹지를 확보하기 위해 인허가 과정에서 공원·녹지를 많이 확보하도록 유도하고 있다.

도시개발사업의 사업시행자 자격요건은 어떻게 되나요?

▶ 도시개발사업의 시행자는 공공을 제외하고 토지소유자 조합과 주택·건설·부동산 사업자, 투자자등 법인 등이 될 수 있습니다.
다만, 토지소유자는 일정면적 소유하고, 동의를 받아야 합니다. 법인 사업자는 「토지개발법」에 명시되어 있는 실적, 경영 건전성 등 기준을 충족해야 합니다.

<인천광역시 기반시설률 및 용적률 사례>

자치구	구역명	면적(㎡)	기반시설률(%)	공동주택 용적률
남구	용현 학익 1블럭	1,546,747	47.7	-
	문학구역	81,250	38.5	200% 이하
연수구	송도 대우자동차판매㈜부지	538,600	45.8	130% 이하
	송도역세권구역	291,725	41.9	200% 이하, 289% 이하
	동춘1구역	407,913	44.3	200% 이하
미추홀구	용현 학익 2-2블록 1구역	97,932	35.2	-
	용현 학익 2-2블록 2구역	30,253	36.2	-
계양구	효성구역	434,922	50.0	300% 이하
	귤현구역	182,176	43.8	180% 이하, 210% 이하
	계산 종합의료 단지	21,926	46.5	-
	방축구역	84,144	47.7	210% 이하
서구	한들구역	567,567	51.5	240% 이하
	검단3구역	524,510	45.8	217% 이하
	검단 오류구역	204,447	35.9	-
	마전2구역	204,727	39.8	-

출처: 인천광역시청 홈페이지

산업(물류)용지

산업(물류)용지는 개발방식별로 기반시설 설치 기준이 다르다. 각 시설마다 설치 기준 이하로 적용할 수 있는 단서 조항이 해당 지침에 있으므로, 별도 확인이 필요하다.

산업단지

「산업입지 개발 통합지침」에서 녹지와 도로는 단지 면적에 따른 설치 기준이 있다. 기반시설은 기부채납 대상이다.

<녹지와 도로 설치 기준>

구분	녹지율	도로율
1㎢ 미만	5~7.5%	8% 이상
1~3㎢	7.5~10%	10% 이상
3㎢ 이상	10~13%	

물류단지

「물류단지 개발 지침」에서 녹지와 도로는 단지 면적에 따른 설치 기준이 있다. 설치 기준 외 공영차고지, 공영주차장 등도 확보해야 한다. 기반시설은 기부채납 대상이다.

<공공녹지와 도로 설치 기준>

구분	공공녹지율	도로율
100만㎡ 이하	5% 이상	8% 이상
100만㎡ 초과	7.5~10%	10% 이상
도시첨단산업단지	2.5~5%	간선도로 15m 이상

산업유통형 지구단위계획

「지구단위계획 수립지침」에서 녹지와 도로의 공공시설용지는 구역 면적에 따라 일정 비율을 확보하도록 하고 있으나 기부채납 대상은 아니다. 다만, 건폐율과 용적률 적용 시 공공시설용지 면적을 제외한다. 건폐율과 용적률 완화에 따른 기부채납은 없으나, 지역 사회 등에 필요한 시설 등을 공공기여 성격으로 제공할 수 있다. 이 경우 해당 지자체와 협의하여 대상과 내용을 정하고 있다.

<녹지와 도로 설치 기준>

구분	녹지율	도로율
내용	5~15%	8% 이상

민간 물류단지 개발사업 사례

경기도 물류단지 중 실수요 검증까지 통과한 사례는 총 23건이다. 이 중 용인시(7건)와 광주시(5건)에 많이 입지하고 있다. 이 도시들은 고속도로, 자동차전용도로 등 광역 교통 여건이 우수하다는 공통점이 있다. 녹지와 도로 등 기반시설률은 대부분 면적이 클수록 높다. 단지 면적은 최소 13만㎡ 이상이고, 대부분 20만㎡ 이상으로 개발하고 있다.

인천광역시에서 민간이 개발한 물류단지는 2023년 현재 없다.

<경기도 물류단지 기반시설률 사례>

시·군	단지명	단지 면적(㎡)	기반시설 면적(㎡)	기반 시설률(%)	지정 고시	실수요 검증 통과
여주시	첼시	264,242	117,449	44.4	1999. 12.	-
	북여주IC	239,644	-	-	-	-
안성시	미양	136,554	30,429	22.3	2014. 05.	-
	지문	176,511	31,675	17.9	2011. 04.	2021. 12.
화성시	동탄	460,670	189,516	41.1	2010. 10.	-
	장안	303,750	87,174	28.7	-	2016. 10.
광주시	초월	264,529	72,369	27.4	2009. 12.	-
	도척	278,016	136,418	49.1	2007.	-
	오포	191,500	33,841	17.7	2016. 12.	-
	직동	571,410	232,262	40.6	2016. 10.	-
	퇴촌	302,088	-	0.0	-	2010. 09.
이천시	이천패션	796,706	374,420	47.0	2009. 11.	-
	BPO	141,530	40,545	28.6	2015. 09.	-
	마장(IMLC)	298,224	103,883	34.8	2019. 10.	2019. 07.
용인시	포곡 스마트	170,740	61,286	35.9	2019. 09.	-
	국제 물류	952,645	330,932	34.7	2021. 07.	-
	서남부	495,483	111,132	22.4	-	2020. 06.
	NS 스마트	312,462	98,067	31.4	-	2021. 07.
	양지	105,862	19,775	18.7	-	2016. 07.
	용인	121,968	20,543	16.8	-	2018. 04.
	스마트	726,340	-	0.0	-	2020. 09.
김포시	감정	80,168	13,454	16.8	-	2018. 06.
파주시	개성공단복합	212,663	67,526	31.8	-	2018. 06.

출처: 국가물류통합정보센터

제3장

최적의 개발방식을 찾아라! Case Study

주거
용지

주거용지의 개발방식은 도시개발사업, 지구단위계획, 주택건설사업 등이 있다. 3가지 방식에 대한 중요 포인트는 다음과 같다.

도시개발사업

근거법	「도시개발법」이다.
최소 규모	도시지역은 1만㎡(공업지역 3만㎡) 이상이며, 비도시지역은 10만㎡ 이상이다.
제안 요건	구역 내 사유지 면적의 2/3 이상에 해당하는 토지소유자의 동의를 받아야 한다.
제안 가능 용도지역	도시지역과 비도시지역에서 지정 제안이 가능하다. 보전녹지지역과 자연환경보전지역은 제외한다.

토지수용권	구역 면적의 2/3 이상에 해당하는 토지를 소유하고, 토지소유자 총수의 1/2 이상 동의를 받아야 한다.
지정권자	구역 지정권자(개발계획 승인권자)는 시·도지사, 대도시 시장이다. 경기도는 구역 면적이 10만㎡ 미만인 경우 시장·군수에게 구역 지정 및 개발계획 승인 권한을 사무 위임하고 있다.
유형	수용·사용방식, 환지방식, 혼용방식 등 3가지 유형이 있다. 수용·사용방식은 시행자가 사업대상지 내 토지권원 일체를 확보하여 사업을 시행하는 방식이다. 환지방식은 토지소유자들이 조직한 조합이 사업시행자이다. 사업 준공 후 조합원의 토지 소유 지분에 따라 체비지와 기반시설을 제외하고 다시 돌려받는 방식이다. 혼용방식은 수용·사용방식과 환지방식을 혼합하는 방식이다.
영향평가	각종 영향평가는 실시계획을 수립하면서 착수하여 실시계획 인가 전에 완료해야 한다. 종류는 교통, 환경(소규모), 재해 등이 있다. 평가 대상은 면적별, 사업내용별로 평가 근거법에서 정하고 있으므로 별도로 확인해야 한다. 구역 면적이 10만㎡ 이상은 교통영향평가, 25만㎡ 이상은 환경영향평가, 25만㎡ 미만은 소규모 환경영향평가 대상이다. ※ 구역 지정 시 구역 면적이 25만㎡ 이상은 전략환경영향평가 대상이다.

인허가 절차 2단계로 구분한다. 1단계는 구역 지정과 개발계획 승인으로 지정권자가 속한 도시계획위원회에서 심의를 받아 고시한다. 2단계는 사업시행자 지정과 실시계획 인가로 지정권자에게 인가를 받는다. 실시계획 내용에는 지구단위계획, 각종 영향평가, 부지 조성을 위한 토목설계 등이 있다.

특징 ① 용도지역 변경, 도시계획시설 결정, 지구단위계획 수립 등 중요 도시계획 사항은 실시계획 인가 단계에서 의제를 받는다.
② 기부채납은 「도시개발업무지침」을 근거로 지자체와 협의하고 도시계획위원회 심의를 통해 결정한다.
③ 주거용지 외 산업, 물류, 관광용지를 포함한 복합용도 개발이 가능하다.
④ 주택건설사업은 실시계획 인가 단계에서 동시에 승인받거나, 실시계획 인가 고시 이후에 별도로 승인받을 수 있다.

민·관공동사업 시행자 요건 및 개발이익 재투자

공공시행자의 지분이 50%를 초과하는 민·관 공동 출자법인은 공공시행자의 자격에 준하는 인허가 절차를 진행할 수 있다. 또한, 토지수용이 용이하고, 금융권에서 자금조달이 수월하다는 장점이 있다.

민간참여자의 과도한 이익 취득이 사회이슈로 부각되면서 민·관공동사업은 2022년 6월에 「도시개발법」을 개정하여 엄격한 기준을 마련하였다. 개정 주요 내용은 민간참여자의 선정 방식, 이윤율 상한선, 개발이익 재투자 등으로 아래와 같다.

① 민간참여자 선정 방식은 공모 방식 적용
- 민간참여자 선정의 수의 계약 요건
  - 대상 지역 토지 면적의 2/3 이상 소유
  - 대상 지역이 10만㎡ 미만의 도시지역
② 민간참여자의 이윤율 상한선
- 민간참여자의 이윤율은 총사업비 중 공공시행자의 부담분을 제외한 비용의 10% 이내로 제한
  - 총 사업비: 용지비, 용지부담금, 이주대책비, 조성비, 기반시설 설치비·부담금, 직접인건비, 일반관리비 및 자본비용 등을 합산 금액
③ 민간참여자의 개발이익 재투자 대상
- 해당 지방자치단체의 도시개발특별회계 납입
- 주차장, 공공·문화체육시설, 복합환승센터
- 해당 도시개발구역 내 기반시설의 설치를 위한 토지의 공급 가격 인하
- 해당 도시개발구역 내 임대주택 건설용지의 공급 가격 인하
- 해당 지자체 내에서 임대주택을 건설·공급하는 사업 비용

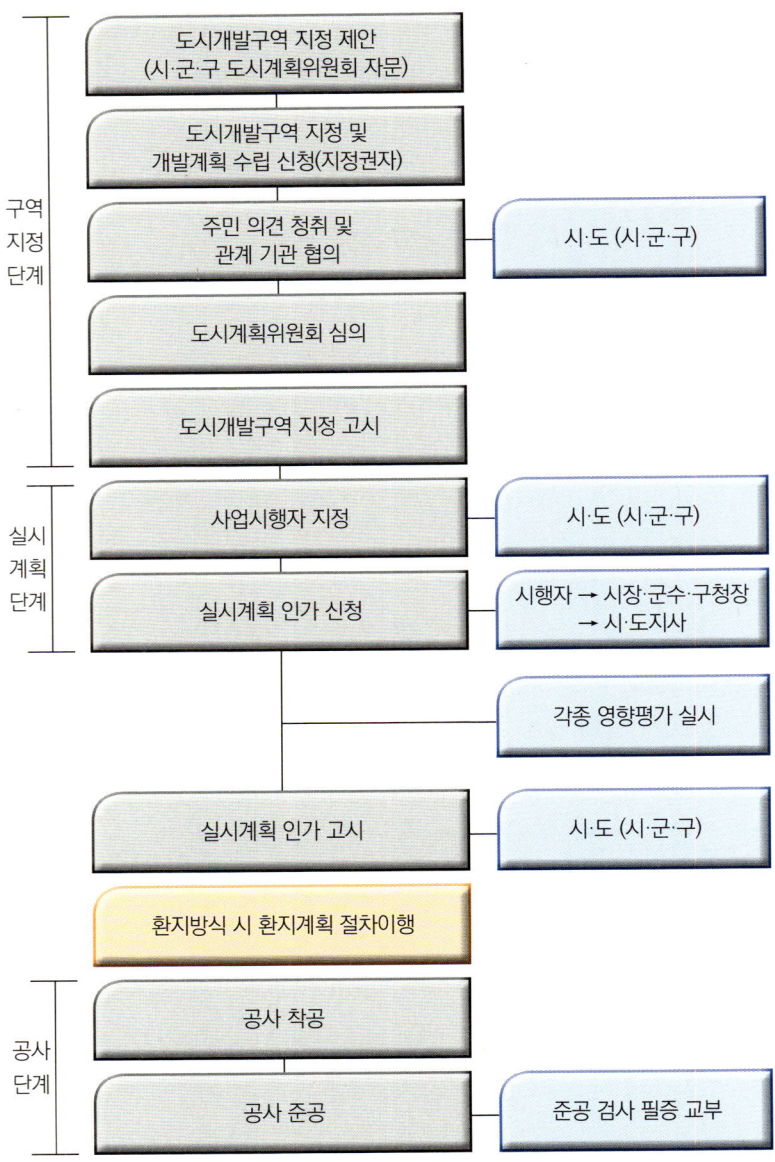

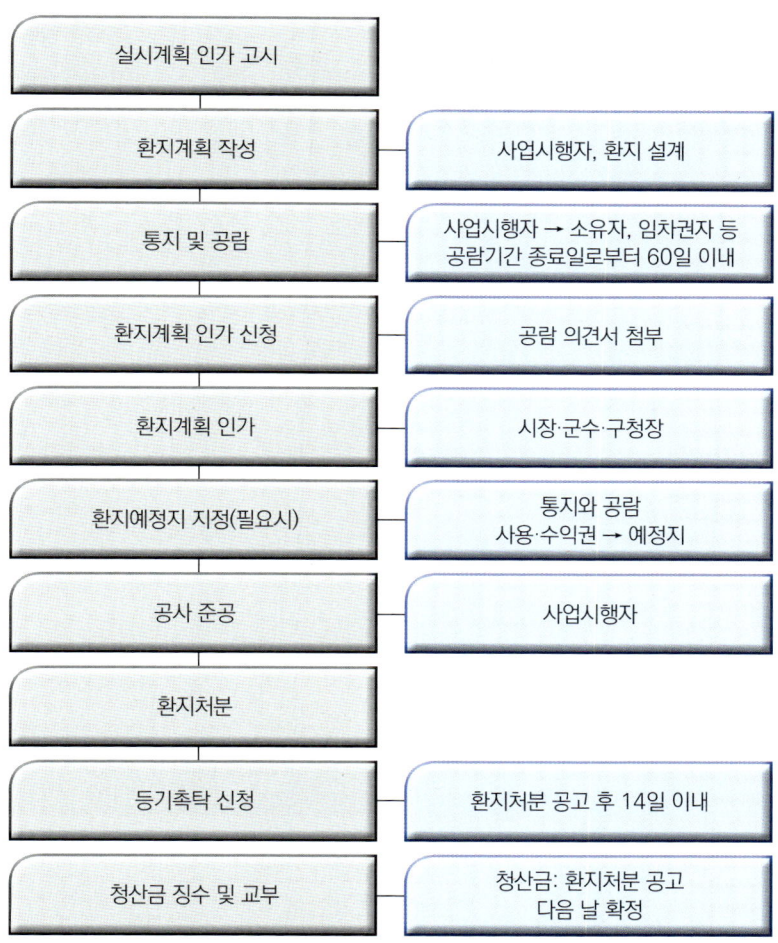

<환지방식 도시개발사업 추진 절차도>

민간 도시개발사업 인허가 기간

컨설팅 의뢰를 받으면 제일 먼저 받는 질문이 "인허가 기간이 얼마나 걸립니까?"이다. 인허가 기간은 특정하기 어렵다. 앞에서 소개한 체크포인트 하나하나가 인허가 기간을 결정짓는 중요요소이기 때문이다.

민간 도시개발사업은 제안일부터 구역 지정 고시일까지 소요되는 인허가 기간에 대한 공식적인 자료가 없다. 참고로 최근 도시개발현황 통계를 보면 민간사업의 규모는 대부분 25만㎡ 미만이다. 구역면적이 25만㎡ 이상이면 환경영향평가대상이기 때문이다.

경기도 시·군 사례

구역 지정 고시일부터 실시계획 인가일까지 평균 소요기간이 16개월이다. 구역의 면적과 개발방식에 따라 편차가 크다.

<경기도 인허가 기간 사례>

시·군	구역명	면적(㎡)	유형	구역 지정	소요 기간	실시계획 인가
가평군	가평 대곡2지구	28,184	수용·사용	2019. 11.	13개월	2020. 11.
	가평 대곡지구	26,021	수용·사용	2018. 10.	20개월	2020. 05.
고양시	벽제 제1지구	69,102	수용·사용	2005. 12.	7개월	2006. 06.
김포시	걸포지구	239,912	환지	2006. 01.	12개월	2006. 12.
	김포 감정1지구	337,356	환지	2008. 10.	18개월	2010. 03.
	김포 풍무5지구	305,852	환지	2008. 11.	15개월	2010. 01.
	김포 풍무역세권	874,344	수용·사용	2019. 10.	27개월	2021. 12.
남양주시	남양주 월산4지구	42,929	수용·사용	2011. 11.	7개월	2012. 05.
	창현3도시	24,559	수용·사용	2012. 10.	20개월	2014. 05.
성남시	성남 판교대장	920,481	수용·사용	2014. 05.	31개월	2016. 11.

시·군	구역명	면적(㎡)	유형	구역 지정	소요 기간	실시계획 인가
수원시	권선지구	993,150	수용·사용	2006. 12.	24개월	2008. 11.
안산시	석수골 역세권	74,716	수용·사용	2014. 05.	6개월	2014. 10.
안성시	공도 만정지구	52,999	수용·사용	2015. 01.	6개월	2015. 06.
	공도 승두2지구	96,878	수용·사용	2019. 09.	10개월	2020. 06.
	공도 승두지구	94,873	수용·사용	2016. 10.	19개월	2018. 04.
	공도 양기2지구	75,417	수용·사용	2017. 12.	36개월	2020. 11.
	공도 양기지구	56,818	수용·사용	2015. 08.	7개월	2016. 02.
	공도 용두2지구	61,082	수용·사용	2017. 11.	35개월	2020. 09.
	공도 진사지구	71,421	수용·사용	2020. 12.	13개월	2021. 12.
	원곡 외가천지구	50,671	수용·사용	2013. 07.	7개월	2014. 01.
양주시	양주 가석	185,350	환지	2003. 02.	22개월	2004. 11.
양평군	양평 공흥3지구	29,909	수용·사용	2021. 06.	-	-
	양평 공흥지구	22,411	수용·사용	2012. 04.	8개월	2012. 11.
	양평 빈양지구	29,648	수용·사용	2018. 07.	20개월	2020. 02.
	양평 창대1지구	29,544	수용·사용	2019. 02.	11개월	2019. 12.
	양평 창대2지구	29,200	수용·사용	2019. 09.	-	-
여주시	여주 현암지구	51,532	수용·사용	2017. 04.	11개월	2018. 02.
용인시	용인 동천구역	473,776	환지	2004. 12.	20개월	2006. 07.
	중동(동진원)	397,075	환지	2007. 12.	13개월	2008. 12.
의왕시	의왕 백운밸리	954,979	수용·사용	2010. 04.	58개월	2015. 01.
	의왕 장안지구	267,888	수용·사용	2013. 04.	19개월	2014. 10.
이천시	이천 부악지구	41,798	수용·사용	2020. 10.	9개월	2021. 06.
	이천 사동	29,844	수용·사용	2021. 02.	9개월	2021. 10.
	이천 사동2지구	43,393	수용·사용	2020. 10.	13개월	2021. 10.
	이천 송정1구역	50,931	수용·사용	2017. 06.	10개월	2018. 03.
	이천 진암지구	20,854	수용·사용	2019. 07.	23개월	2021. 05.
평택시	평택 소사	95,051	수용·사용	2004. 07.	7개월	2005. 01.
	평택 신흥지구	209,900	환지	2009. 02.	22개월	2010. 11.
	평택 안정지구	93,711	환지	2009. 07.	18개월	2010.12.
	평택 현촌지구	575,054	환지	2009. 02.	20개월	2010. 09.
포천시	포천 가산지구	31,436	수용·사용	2016. 01.	18개월	2017. 06.
	포천 선단지구	35,769	수용·사용	2021. 01.	-	-
하남시	지역현안사업 1지구	155,385	수용·사용	2012. 12.	36개월	2015. 11.

출처: https://www.jigu.go.kr/ (2023년 6월 말 기준)

인천광역시 사례

구역 지정 고시일부터 실시계획 인가일까지 평균 소요기간이 39개월이다. 최고 12개월부터 최대 76개월의 소요기간을 보이고 있어 편차가 크다.

<인천광역시 인허가 기간 사례>

자치구	구역명	면적(㎡)	유형	구역 지정	소요 기간	실시계획 인가
남구	용현 학익 1블록	1,546,747	수용·사용	2009. 06.	48개월	2013. 05.
	문학구역	81,250	환지	2006. 05.	68개월	2011. 12.
연수구	대우자동차	538,600	수용·사용	2008. 12.	–	–
	송도역세권구역	291,725	환지	2008. 12.	72개월	2014. 11.
	동춘1구역	407,913	환지	2006. 11.	25개월	2008. 11.
미추홀구	용현 학익 2-2 블록1구역	97,932	수용·사용	2022. 07.	–	–
	용현학익2-2 블록2구역	30,253	환지	2022. 07.	–	–
계양구	효성	434,922	수용·사용	2014. 02.	76개월	2020. 05.
	귤현구역	182,176	환지	2007. 08.	16개월	2008. 11.
	계산종합의료단지	21,926	수용·사용	2016. 02.	12개월	2017. 01.
	방축구역	84,144	환지	2013. 09.	31개월	2016. 03.
서구	한들구역	567,567	환지	2015. 01.	32개월	2017. 08.
	검단3구역	524,510	환지	2010. 04.	52개월	2014. 07.
	검단 오류구역	204,447	혼용	2022. 05.	–	–
	마전2구역	204,727	환지	2022. 05.	–	–

출처: 인천광역시청 홈페이지

도시개발사업에서 환지방식으로 인허가절차를 진행하다가 여건 변화로 수용사용방식으로 변경하는 경우 기존의 인허가절차를 인정받을 수 있나요?

▶ 도시개발법 제21조에 근거하여 수용사용방식에 맞추어 처음부터 다시 인허가 절차를 거쳐야 합니다.

도시개발사업 핵심 Point

1. 제안요건: 토지면적 2/3 이상 토지소유자 동의
2. 인허가권자: 시·도지사, 대도시 시장
3. 용도지역 변경: 의제 가능
4. 토지수용권: 있음

지구단위계획

근거법	「국토계획법」이다.
최소 규모	도시지역은 최소 면적이 없으며, 비도시지역은 10만㎡ 이상이다.
제안 요건	구역 내 사유지 면적의 2/3 이상에 해당하는 토지소유자의 동의를 받아야 한다.
제안 가능 용도지역	도시지역과 비도시지역(자연환경보전지역 제외)에서 지정 제안이 가능하다.
용도지역 변경	용도지역 변경은 시·도지사, 대도시 시장에게 별도로 심의를 받아야 한다. 경기도의 경우 지구단위계획이 수반되는 도시지역 3만㎡ 이하, 비도시지역 30만㎡ 이하의 용도지역 변경은 시장·군수에게 사무위임하고 있다. 용도지역 변경 시 해당 도시기본계획의 시가화예정용지 물량 확인과 지자체의 사전 협의가 필요하다.
토지수용권	토지수용권이 없기 때문에 토지권원은 협의매수를 통하여 확보해야 한다.
결정권자	시장·군수(광역시 군수 제외)이다.
영향평가	교통영향평가와 전략환경영향평가는 지구단위계획 심의 전까지 완료해야 한다. 교통영향평가는 도시지역에서 구역 면적 10만㎡ 이상이 대상이다. 비도시지역은 대상이 아니지만, 지자체에서 대상을 별도로 정하는 경우도 있

다. 전략환경영향평가는 도시지역과 비도시지역의 면적에 상관없이 대상이다.

인허가 절차 대부분 구역 지정과 지구단위계획 수립을 묶어서 도시건축·공동위원회 심의 후 결정·고시한다. 지구단위계획 고시 후 주택건설사업계획 승인, 도시계획시설사업 인가 등은 별도 인허가 절차로 진행한다.

특징
① 도시지역의 기부채납 비율은 구역 면적의 10~20%이며, 최대 25%를 넘지 않도록 하고 있다. 지자체별 내부 기준이 있는 경우 이를 따른다.
② 비도시지역은 도시계획 조례상 건폐율의 150%, 용적률의 200% 범위 내에서 완화가 가능하다. 계획관리지역의 경우 건폐율은 40% → 60%, 용적률은 100% → 200%까지 완화할 수 있다.
③ 주거형 지구단위계획의 도로율은 15% 이상, 공원·녹지는 「공원녹지법」의 공원·녹지 확보 기준을 따른다.
⑤ 지구단위계획 고시 후 공동주택 건설을 위해서는 주택건설사업을 승인을 받아야 한다. 주택건설사업 시 개발행위허가가 의제되며, 개발행위허가 기준은 해당 시·군의 도시계획 조례를 따른다.

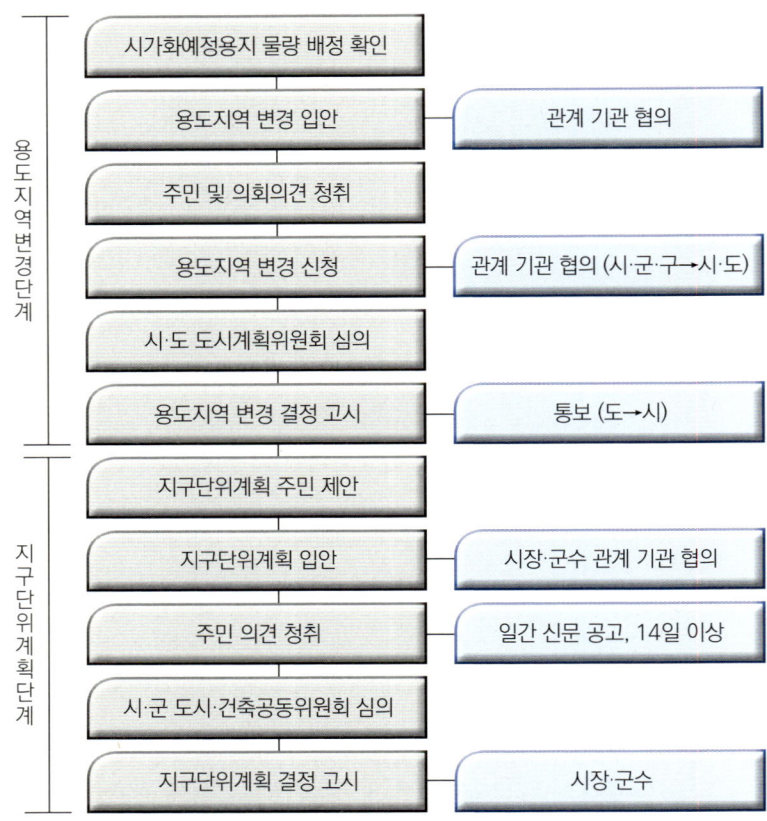

※ 인구50만 이상 대도시는 용도지역 변경을 대도시 시장이 결정함.
※ 주민의견청취는 인허가상 입안 이후 실시하는 것으로 운용되고 있음.

지구단위계획 핵심 Point

1. 제안요건: 사유지 면적 2/3이상 토지소유자 동의
2. 인허가권자: 시장, 군수
3. 용도지역 변경: 별도 절차 필요
4. 토지수용권: 없음

주택건설사업

근거법	「주택법」이다.
최소 규모	최소 면적 기준은 없다. 다만, 단독주택 30호, 공동주택 30세대 이상을 개발할 수 있는 면적이면 사업이 가능하다.
승인 요건	주택건설 대지의 소유권을 100% 확보해야 한다. 지구단위계획을 수립하는 경우 다음의 요건이 필요하다. ① 주택건설사업 대지면적의 80% 이상 권원 확보 ② 등록사업자와 공동으로 시행하는 조합은 95% 이상 토지소유권 확보
제안 가능 용도지역	용도지역 제한은 없으나, 5층 이상 공동주택을 건설하기 위해서는 제2종전용주거지역, 제2종일반주거지역 이상이어야 한다.
토지수용권	토지수용권은 없으나, 매도청구권이 있다. 주택건설 대지면적의 95% 이상 사용권원을 확보해야 한다.
승인권자	단지 면적 10만㎡ 이상은 시·도지사와 대도시 시장이고, 10만㎡ 미만은 시장·군수이다.
영향평가	건축연면적 6만㎡ 이상의 공동주택은 개별 건축물에 대한 교통영향평가 대상이다.
인허가 절차	통합심의를 하여 사업계획 승인을 받는다. 통합심의는 도시계획, 건축, 경관, 교통영향평가 위원회를 통합하여 심

의하는 것이다. 통합심의위원회는 해당 지자체의 도시계획, 건축, 경관, 교통영향평가 등의 위원회 위원 중에서 선정하여 구성한다.

특징
① 지구단위계획 승인을 위한 별도의 도시·건축공동위원회 심의는 없다.
② 용도지역 변경이 필요한 경우 별도의 도시계획 변경 절차를 거쳐야 한다.
③ 기반시설 비율은 「주택건설사업 기반시설 기부채납 운영기준」에 근거하여 사업 부지 면적의 8% 범위 내로 하고 있다. 다만, 건축위원회 의견과 승인권자 협의에 따라 추가 확보해야 할 수 있다.

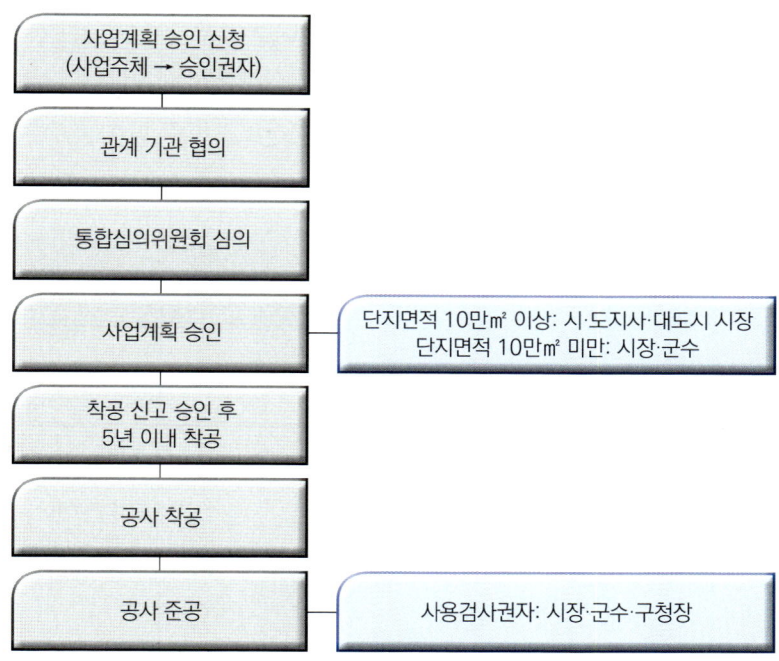

<주택건설사업 추진 절차도>

주택건설사업 핵심 Point

1. 제안요건: 지구단위계획 포함 시 대지면적 80% 이상 권원 확보
2. 인허가권자: 시·도지사, 시장, 군수
3. 용도지역 변경: 별도 절차 필요
4. 매도청구권: 있음

주거용지 개발방식 비교

일정 규모 이상의 주거용지를 조성하기 위해 일반적으로 적용하는 개발방식에 대한 주요 특징을 비교하면 다음과 같다. 개발방식에 따라 인허가 기간과 사업성에 차이가 날 수 있다.

구분	도시개발사업	지구단위계획	주택건설사업
성격	사업계획	행정계획	사업계획
인허가 권자	시·도지사, 대도시 시장	시장, 군수	10만㎡ 이상: 시·도지사, 대도시 시장 10만㎡ 미만: 시장·군수
토지 수용권	소유자 2/3, 면적 1/2 토지 권원 확보	없음	없음
매도 청구권	없음	없음	주택건설 대지면적의 95% 이상 사용권원 확보
제안 가능 용도지역	보전녹지지역, 자연환경보전지역 외 가능	자연환경보전지역 외 가능	제2종전용주거지역 제2종,제3종일반주거지역 준주거지역, 상업지역
용도지역 변경 의제	있음	없음	없음
지구단위 계획 의제	있음	–	있음
도시기본 계획 물량	배정	배정	없음
개발행위 허가 기준	비고려	준용	비고려
기부 채납율	개별법 적용 (공원·녹지, 주차장 등)	10~20% (최대 25%)	8%+α
구역 실효	3년	5년	• 공사 미착수 시 • 대지소유권 상실 시 • 공사 완료 불가능 시

Case 도시개발사업

1. 과업 개요

- 위치: 오산시 ○○동 일원
- 면적: 56,553㎡
- 용도지역: 자연녹지지역
- 컨설팅 내용: 공동주택단지 개발을 위한 적정 개발방식 검토

2. 대상지 현황

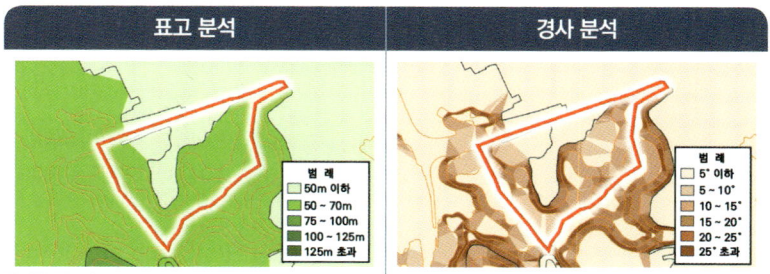

3. 개발 컨설팅

○ 개발방식별 인허가권자 확인
- 도시개발사업 적용 시 10만㎡ 미만은 오산시장이 지정권자
- 지구단위계획 적용 시 용도지역 변경은 경기도지사가 결정권자
- 주택건설사업은 용도지역 변경이 의제가 되지 않으므로 자연녹지지역에서는 협의 불가

○ 오산시 개발사업 추세
- 과거에는 선(先)용도지역 변경, 후(後)지구단위계획을 수립하였으나, 최근에는 도시개발사업 위주로 추진

4. 검토 결과

○ 인허가 기간 단축과 용도지역 변경을 의제할 수 있는 도시개발사업이 적합
○ 토지컨디션은 양호하여 도시개발사업 민간 제안 가능
○ 인구배분 및 시가화예정용지 물량 확인 필요

Case 도시개발사업

1. 과업 개요
- 위치: 청주시 ○○리 일원
- 면적: 282,496㎡
- 용도지역: 계획관리지역, 농림지역(28%)
- 컨설팅 내용: 도시개발사업 추진을 위한 검토

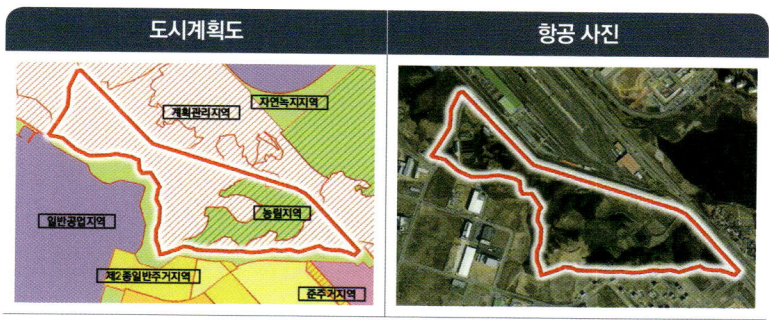

2. 대상지 현황

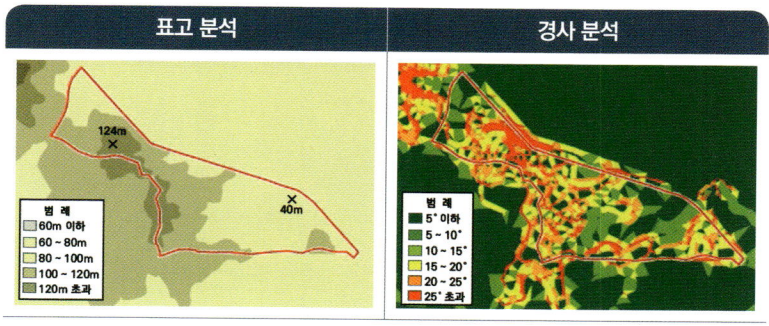

3. 개발 컨설팅

■ 개발방식 검토

- 농림지역은 대상지 면적의 28%이므로 도시개발사업으로 추진 가능
- 환지방식을 적용하여 세부 절차 검토

■ 리스크 검토

- 철도보호구역은 구역계에서 제척 필요
- 대상지 내 농업진흥지역(농업보호구역)이 일부 포함되어 농지협의 대상
- 일부 급경사지에 대해 단지 토목설계 세부 검토 필요

4. 검토 결과

- 환지방식으로 주민 제안을 하기 위해 조합 준비 확인
- 도시개발사업 동의 요건 충족 여부 확인 필요
- 철도보호구역을 고려하여 구역계 조정 검토 필요

◦ 토지이용계획 수립 시 급경사지에 공원·녹지를 배치하여 토지이용의 효율성 제고 필요

지구단위계획

1. 과업 개요
◦ 위치: 동두천시 ○○동 일원
◦ 면적: 약 40,000㎡
◦ 용도지역: 자연녹지지역
◦ 컨설팅 내용: 테라스하우스형 주거단지 조성을 위한 지구단위계획 수립 가능 여부 검토

2. 개발 컨설팅
■ 개발방식 검토
◦ 자연녹지지역에서 4층 이하 공동주택사업은 지구단위계획 수립

후 주택건설사업으로 추진 가능

- 연립주택(테라스하우스)

<동두천시 도시계획 조례상 자연녹지지역 내 허용기준>

용도지역	자연녹지지역
건폐율	20% 이하
용적률	100% 이하
건축 용도	단독주택 4층 이하 공동주택(아파트 제외)

■ 기부채납 검토
◦ 지구단위계획 수립 후 기반시설 부지를 제공할 경우 건폐율, 용적률, 높이 등에 대한 완화 규정 적용 가능

4. 검토 결과

◦ 동두천시청 담당자 유선 확인 결과, 지구단위계획을 수립하여 체계적인 개발이 필요하다는 의견 확인
◦ 기부채납 범위인 10~20%의 중간값인 15%를 기부채납 비율로 산정
◦ 기부채납시설은 인근 주민들이 이용할 수 있는 공원을 선호하는 것으로 파악

지구단위계획

1. 과업 개요

- 위치: 용인시 ○○동 일원
- 면적: 51,714㎡
- 용도지역: 제1종일반주거지역
- 컨설팅 내용: 고층 공동주택 사업을 위한 지구단위계획 수립 검토

2. 대상지 현황

3. 개발 컨설팅

■ 기반시설 및 용적률 검토

◦ 용적률 220% 적용, 850세대 가정 시 기반시설 면적 검토

구분	계획기준	계획내용	비고
도로	진입도로 15m 이상	진입도로 20m	적합
공원·녹지	구역 면적의 5% 이상 또는 계획 인구 1인당 3㎡ 이상 중 큰 면적	9,402㎡ (850세대, 2.7인/세대 계획 인구 2,295인)	적합
주차장	별도 기준 없음	-	-

◦ 개발용적률 검토(용인시 지구단위계획 기준)
  - 기부채납 면적에 따른 개발용적률 결정: 180%+α

제2종일반주거지역 종상향 시		기부채납시설		개발 용적률
기준용적률	상한용적률	면적	구성비	
180%	240%	8,000㎡	16.2%	200%
		9,400㎡	19.0%	210%
		10,700㎡	21.7%	220%
		11,900㎡	24.1%	230%
		13,000㎡	26.5%	240%

※ 기부채납시설은 인근 지역 주민도 이용 가능한 시설만 해당(용인시 협의)

4. 검토 결과

◦ 고층 공동주택을 개발하기 위해서는 제2종일반주거지역으로 용도지역 종상향 필요

- 지구단위계획 수립 시 용도지역 종상향은 동시 진행 가능
- 용도지역 종상향에 따른 도시기본계획의 인구 물량 확인 필요
◦ 기부채납시설 면적이 약 11,000㎡(22.6%)이 필요하며, 기부채납시설 산식에 따라 개발용적률은 약 222%로 추정
◦ 지구단위계획 변경 시 필요 사항
  - 주민 동의 면적 확보
  - 초등학교 학생 배치 협의
  - 하천변 유지 보수 도로에 대한 하천정비계획 검토
  - 대상지에 포함되는 인접 지구단위계획구역 변경에 대해 용인시와 사전 협의 필요

■ 토지이용계획(안)
◦ 대상지 중앙공원 진입도로 확보·검토 필요
  - 하천변 도로 계획은 하천정비계획 변경 대상

구분		면적(㎡)	구성비(%)
합계		49,407	100.0
공동주택용지		38,240	77.4
기반시설용지		11,167	22.6
	공원	4,099	8.3
	녹지	5,301	10.7
	도로	1,767	3.6

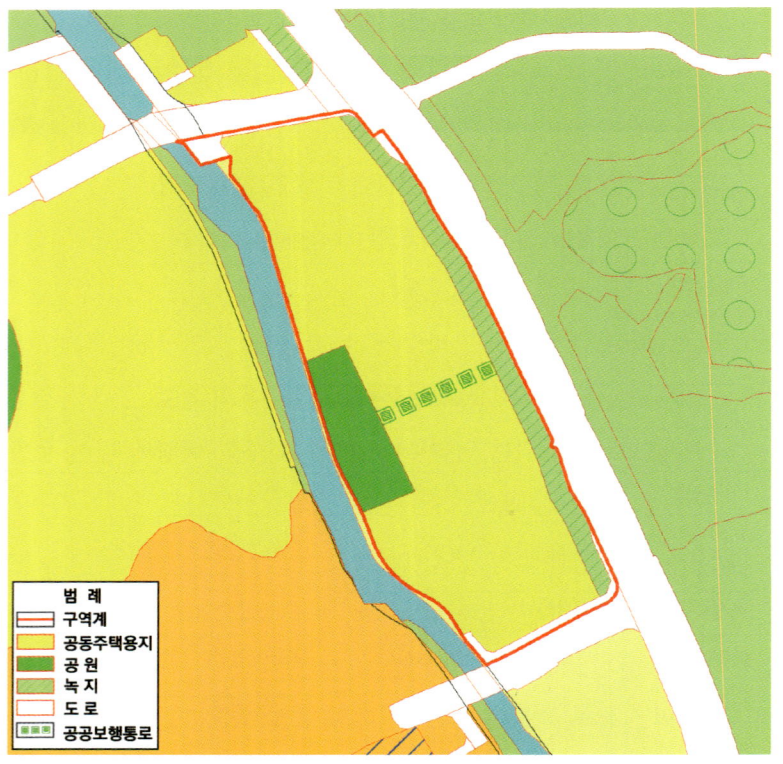

Case 지구단위계획

1. 과업 개요

- 위치: 경기도 포천시 군내면 ○○리 일원
- 면적: 약 29,900㎡
- 도시계획:
    - 제1종일반주거지역, 주거개발진흥지구

- 포천○○지구 지구단위계획구역(대상지는 단독주택용지)
◦ 컨설팅 내용: 공동주택 사업을 위한 지구단위계획 변경 검토

2. 개발 컨설팅

■ **개발여건 검토**

◦ 대상지 동측에 포천로(25m 도로), 서측에 청군로(15m 도로) 입지
◦ 대상지 인접하여 녹지, 소공원 결정
◦ 대상지 내 도시계획도로(중로, 소로), 주차장 결정
◦ 대상지 내 군내면 공설묘지(시설 미결정) 입지

■ **구역계 검토**

◦ 사업시행자 검토 요청한 구역계는 지적 기준으로 작성되어 있어 도시계획시설 등을 고려하여 조정 필요
◦ 기반시설 확보를 위해 북측 도로를 포함하는 지구단위계획 구역 변경 필요

■ 지구단위계획 변경 검토

◦ 주민 동의 요건 검토
- 구역 내 사유지 면적의 2/3 이상에 해당하는 토지소유자 동의 필요

◦ 용도지역 상향
- 5층 이상 공동주택 건설을 위해서 제2종일반주거지역으로 종 상향 필요
- 지구단위계획 의제사항
- 대상지가 속한 포천 도심생활권의 인구배분 물량 확보 가능 여부 확인 필요

◦ 개발용적률
- 도시계획 조례상 제2종일반주거지역에서 공동주택은 최대 230%까지 가능
- 동일 지구단위계획구역 내에서 2020년 공동주택 사업의 용적률을 230%까지 상향한 사례 확인

■ **기반시설 검토**
- 진입도로: 12m 이상 도시계획도로 활용 가능
- 공원·녹지율: 구역 면적 5% 또는 인당 3㎡ 이상 녹지 확보 필요
  - 용적률 230% 적용시 약 1,380인이 예상되며, 약 4,200㎡ 이상 소요 예상
- 주차장: 구역 면적의 0.6% 이상 확보 필요

3. 검토 결과
- 초등학교 교육지원청 협의 필요
- 대상지 내 공설묘지 및 대체 기반시설 확보와 관련하여 포천시와 협의 필요
- 지구단위계획 수립 시 제2종일반주거지역으로 변경은 동시 진행 가능
- 대상지 면적의 25% 이상을 기반시설로 기부채납할 할 경우 공동주택 개발용적률은 230% 가능

주택건설사업

1. 과업 개요
- 위치: 부산광역시 ○○구 ○○동 일원
- 면적: 5,600~16,000㎡(구역계 대안 다수)
- 용도지역: 일반상업지역
- 컨설팅 내용: 주거복합건축물 개발을 위한 적정 구역계 및 개발방식 검토

2. 개발 컨설팅

■ **구역계 검토**
- 1만㎡ 미만의 주택건설사업 승인권자는 구청장으로, 인허가 기간 최소화 가능
- 구역계 정형화를 위해 구역계 외 북측 부지를 일부 포함할 경우 구역 면적이 1만㎡ 초과 예상

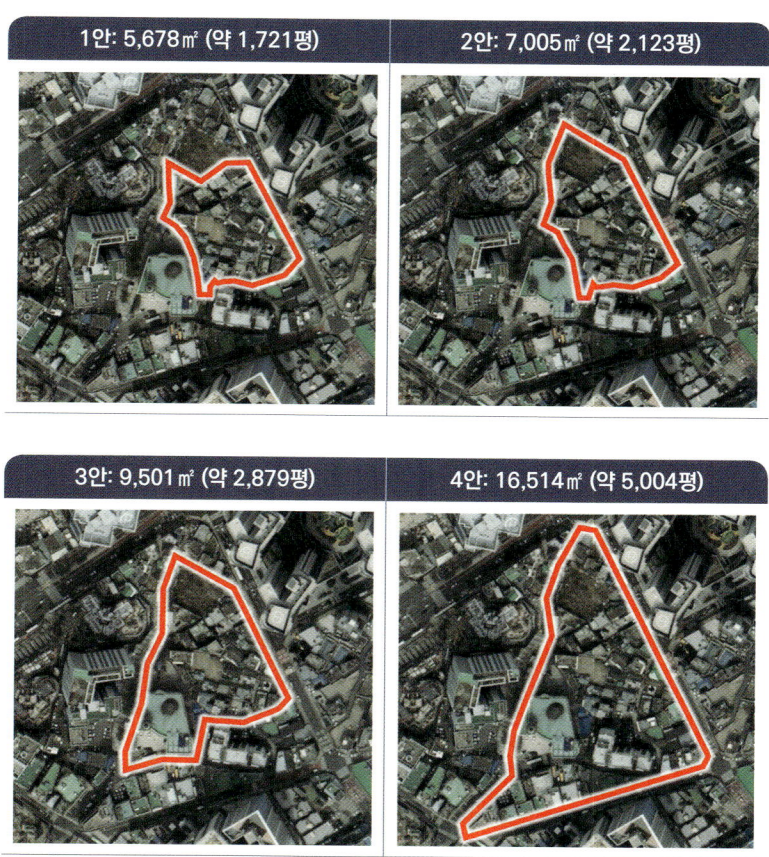

■ 인허가 절차 검토

	1만㎡ 미만	1만㎡ 이상
해운대구	◦ 주택건설사업 신청 ◦ 경관협의, 개발행위허가 협의 ◦ 지구단위계획 도시·건축공동위원회 자문 ◦ 소규모 지하안전영향평가 협의 ◦ 주택건설사업 승인	◦ 주택건설사업 신청 ◦ 경관 협의 ◦ 소규모 지하안전영향평가 협의 ◦ 주택건설사업 승인
부산시	◦ 교통영향평가, 교육영향평가 ◦ 건축설계 건축위원회 심의	◦ 개발행위허가 도시계획위원회 심의 ◦ 지구단위계획 도시·건축공동위원회 자문 ◦ 교통영향평가, 교육영향평가 ◦ 건축설계 건축위원회 심의
기간	18개월	24개월

3. 검토 결과

◦ 지구단위계획, 건축 허가, 개발행위허가를 동시에 진행할 수 있는 주택건설사업 적합
◦ 단지 면적이 1만㎡ 미만은 인허가 기간이 단축되나, 관계 기관 협의과정에서 구역계 정형화 요구 예상
◦ 구역계가 정형화된 4안으로 인허가 진행 필요

주거용지 개발 Q&A

Q&A 1. 도시개발구역 지정과 도시·군관리계획 결정(변경)의 병행 추진 가능 여부

질의

도시지역 내 전체 구역 면적의 30%를 초과하는 생산녹지지역을 포함하여 도시개발사업을 추진하고자 할 때, 도시개발구역 지정과 생산녹지지역을 변경하는 도시계획 변경을 병행하여 동시 추진 가능 여부

회신

「도시개발업무지침」에서는 도시계획 변경을 선행하거나 병행할 수 있도록 규정하고 있음.

생산녹지지역의 구역 면적 30% 초과분에 대한 용도지역의 변경은 도시개발구역 지정과 도시계획 변경이 병행 가능함.

출처: 국토교통부 질의회신사례 (안건번호 도시재생과-1727)(회신일자 2015. 7. 8.)

Q&A 2. 도시개발구역 지정 해제 시 종전 용도지역 적용

질의

도시개발구역의 지정과 도시관리계획의 변경(생산녹지지역→자연녹지지역) 처분을 병행하였을 경우, 도시개발법 제10조에 따라 구역지정이 해제되어 구역지정 전의 용도지역으로 환원된다면, 그 용도지역이 생산녹지지역인지, 자연녹지지역인지 여부

회신

구역지정과 도시관리계획변경은 별도의 독립적인 행정처분으로서 이를 병행할 수 있도록 한 것은 구역의 신속한 지정 등 행정효율성을 제고시키기 위한 목적에 있으므로 비록 이들 처분에 병행하였다고 하더라도 도시관리계획변경은 구역지정전에 결정된 것임.

따라서, 도시개발법 제10조제2항에 따라 구역지정이 해제 시 도시개발법 제9조제2항 및 제18조제2항에 따라 지구단위계획구역 및 도시관리계획으로 결정 고시된 것으로 보아 용도지역으로 변경된 사항에 대하여 구역 지정 전의 용도지역 또는 지구단위계획으로 각각 환원되는 것임. 구역 지정과 도시관리계획 변경을 병행하여 용도지역을 변경한 경우에는 이에 해당되지 않아 자연녹지지역으로 환원되어야 함.

출처: 국토교통부 질의회신사례 (안건번호 도시재생과-1245)(회신일자 2010. 04. 19.)

Q&A 3. 도시개발구역 지정 제안 시 기반시설 부담 기준

질의

도시개발구역 지정 제안 시 「지구단위계획 수립지침」의 기반시설 기부채납 부담 기준 적용 여부

회신

「도시개발법」에 따라 실시계획을 고시한 경우 「국토계획법」에 따라 도시계획(지구단위계획 포함)이 결정·고시됨.
「지구단위계획 수립지침」에 따른 기반시설의 기부채납 부담기준은 실시계획 수립 시 지구단위계획 수립지침에 따라 적용함.

출처: 국토교통부 질의회신사례 (안건번호 도시경제과-1847)(회신일자 2016. 12. 21.)

Q&A 4. 지구단위계획으로 용도지구 변경 가능 여부

질의

「최고고도지구(7층 이하)로 지정된 제2종일반주거지역에서 아파트를 건설하고자 할 때 사업 승인 시 의제되는 지구단위계획으로 층수제한 변경(7층→15층) 또는 최고고도지구의 폐지 가능 여부

회신

도시계획으로 정한 고도지구 폐지, 높이 제한 완화는 지구단위계획에서 변경 불가함.

출처: 국토교통부 질의회신사례 (안건번호 도시정책팀-1979)(회신일자 2004. 4. 14.)

Q&A 5. 지구단위계획 변경 시 주민 동의 범위

질의

지구단위계획 변경을 위한 주민 제안 요건은 토지소유자의 2/3 동의 확보 비율이 지구단위계획구역 전체인지 변경 대상만인지 여부

회신

기존 지구단위계획구역 내의 일부 토지에 대한 지구단위계획을 변경하기 위한 주민 제안을 하는 경우 변경 부지(지구단위계획상 해당 부지가 포함된 용지 또는 획지 등) 면적의 2/3 이상 토지소유자의 동의를 받으면 가능함.

출처: 국토교통부 질의회신사례 (국민신문고 질의 및 답변 재구성)

Q&A 6. 지구단위계획구역 실효 적용

질의

지구단위계획구역을 지정·고시 후 3년이 경과되어 지구단위계획구역 결정이 실효되는 경우 현재 입안 중인 지구단위계획 실효 여부

회신

해당 지구단위계획구역에 관한 지구단위계획이 결정·고시되지 않아 지구단위계획구역 결정이 실효된다면 해당 지구단위계획구역에 대해 입안 중인 지구단위계획도 실효됨.

출처: 국토교통부 질의회신사례 (안건번호 도시정책과-5602)(회신일자 2012. 8. 31.)

Q&A 7. 주택건설사업 진행 시 지구단위계획 주민 동의 요건 충족 여부

질의

「주택법」에 의해 지구단위계획이 의제되는 경우 「국토계획법」에서 정하고 있는 지구단위계획의 주민 제안 시 필요한 '주민 동의 요건' 적용 여부

회신

「주택법」과 같이 다른 법률의 규정에 따라 지구단위계획이 의제되는 경우에는 적용되지 않음.

출처: 국토교통부 질의회신사례 (안건번호 도시정책과-5651) (회신일자 2009. 10. 13.)

산업(물류) 용지

　일정 규모 이상의 공장, 창고용지 개발방식은 산업단지 개발사업, 물류단지 개발사업, 산업유통형 지구단위계획, 개발행위허가 등이 있다. 4가지 방식에 대한 중요 포인트는 다음과 같다.

산업단지 개발사업

근거법	「산업입지법」 또는 「산업단지 절차 간소화법」이다.
최소 규모	최소 면적은 일반산업단지 3만㎡ 이상, 도시첨단산업단지 1만㎡ 이상이다.
제안 요건	토지소유자 또는 자격을 갖춘 법인은 제안이 가능하다.
제안 가능 용도지역	공업지역에 우선 지정한다. 도시첨단산업단지는 준주거지역, 상업지역, 공업지역에 우선 지정한다.

토지수용권	단지 내 사유지 면적의 1/2 이상 토지권원을 확보해야 한다.
지정권자	① 국가산업단지는 국토교통부 장관이다. ② 일반산업단지의 경우 30만㎡ 이상은 시·도지사, 대도시 시장, 30만㎡ 미만은 시장·군수·구청장이다. ③ 도시첨단산업단지의 경우 10만㎡ 이상은 시·도지사, 대도시 시장, 10만㎡ 미만은 시장·군수·구청장이다. ④ 농공단지는 시장·군수·구청장이 지정권자이고, 시·도지사가 승인권자이다.
유형	국가산업단지, 일반산업단지, 도시첨단산업단지, 농공단지로 구분한다.
영향평가	단지 면적이 15만㎡ 이상이면 환경영향평가, 20만㎡ 이상이면 교통영향평가 대상이다. 「산업입지법」에 근거하여 인허가를 진행할 경우 단지 지정 단계에서 전략환경영향평가를 수행해야 한다.
인허가 절차	「산업단지 절차 간소화법」을 적용하여 통합 단지계획으로 인허가를 대부분 진행하고 있다. 투자의향서를 지정권자에게 제출하고, 산업단지 지정계획을 공고한 후 통합 단지계획으로 승인을 받는다. 「산업입지법」에 근거한 인허가 절차는 단지 지정 및 개발계획 승인, 실시계획 인가 등 2단계로 이루어진다.
특징	①「산업단지 절차 간소화법」을 적용 시 전체 시가화예정

용지 물량의 30% 범위 내에서 도시기본계획 변경 없이 단지계획을 수립할 수 있다.
② 「산업입지법」에 근거한 산업입지수급계획의 산업단지 물량을 사전에 확보해야 한다.
③ 산업단지 조성 시 일정조건이 되면 진입도로, 일부 공급처리시설의 사업비에 대해 정부 지원을 받을 수 있다.
④ 용도지역 변경, 도시계획시설 결정, 지구단위계획 수립 등의 중요 도시계획사항은 의제가 된다.
⑤ 주거용지를 포함한 복합용도 개발이 가능하다.
⑥ 서울특별시에서는 도시첨단산업단지 지정이 불가하다.

개발제한구역 내에서 산업단지개발이 가능한가요?
▶ 개발제한구역 해제 후 산업단지 가능합니다.
탄립전민지구, 양주테크노밸리 도시첨단산업단지 등이 있습니다. 다만, 개발제한구역 해제는 시행자가 공공 또는 공공이 50%초과 자본을 가진 법인만 가능합니다.

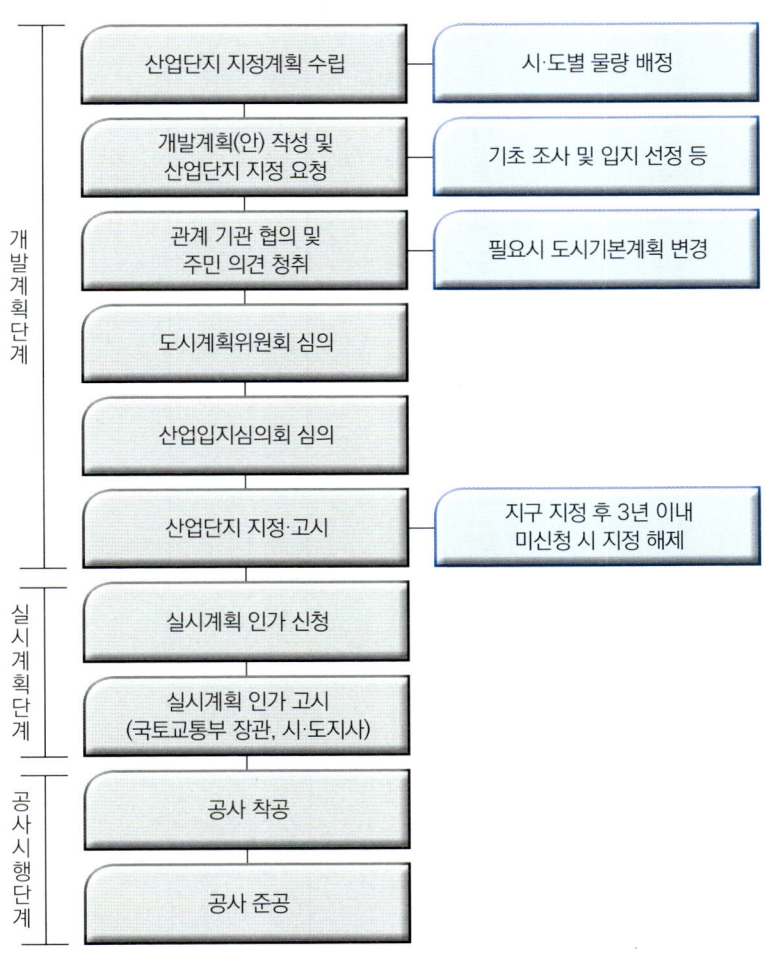

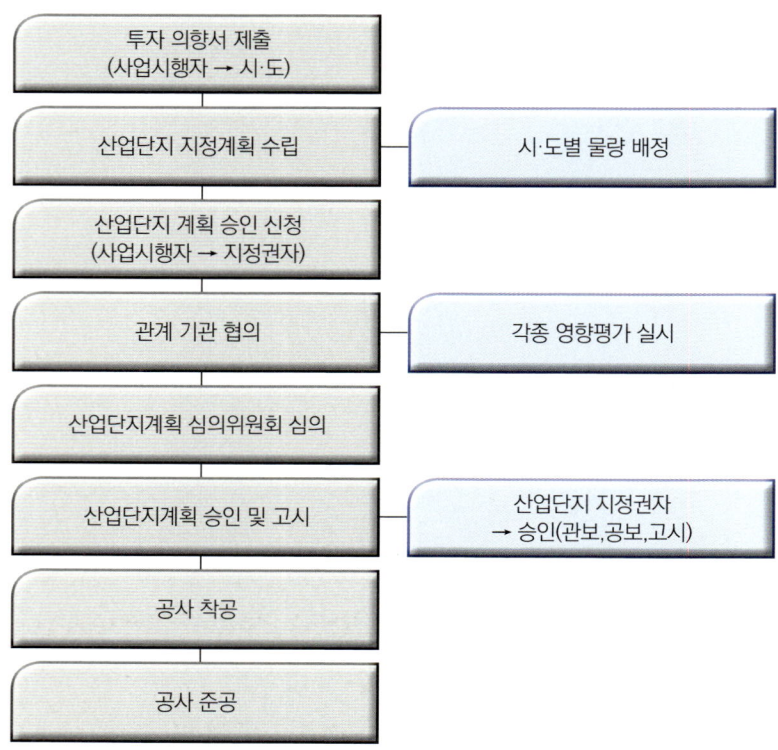

<산업단지 인허가절차 간소화 절차도>

산업단지 개발사업 핵심 Point

1. 제안요건: 없음
2. 인허가권자: 시·도지사, 대도시시장, 시장, 군수, 구청장
3. 용도지역 변경: 의제 가능
4. 토지수용권: 있음
5. 산업단지 물량확보 필요

물류단지 개발사업

근거법	「물류시설법」 또는 「산업단지 절차 간소화법」이다.
최소 규모	최소 면적 기준은 없다.
제안 요건	일반물류단지는 토지소유자 또는 자격을 갖춘 법인이 제안 가능하다. 도시첨단물류단지는 단지 면적의 1/2 이상 토지소유자 동의와 토지 및 건축물 소유자 총수의 1/2 이상 동의가 필요하다.
제안 가능 용도지역	일반물류단지는 용도지역의 제약이 없다. 도시첨단물류단지는 도시지역만 지정 제안이 가능하다.
토지수용권	단지 내 사유지 면적의 2/3 이상을 매입해야 한다.
지정권자	「산업단지 절차 간소화법」을 적용하면 시·도지사이다.
유형	일반물류단지와 도시첨단물류단지가 있다.
영향평가	단지 면적이 5만㎡ 이상이면 교통영향평가, 20만㎡ 이상이면 환경영향평가 대상이다. 「물류시설법」에 근거할 경우 단지지정 단계에서 전략환경영향평가를 수행해야 한다.
인허가 절차	「산업단지 절차 간소화법」을 적용하여 통합 단지계획으로 인허가를 대부분 진행하고 있다. 「물류시설법」에 근거한 인허가 절차는 단지 지정 및 개발계획 승인, 실시계획 승인 등 2단계로 이루어진다.
특징	① 「산업단지 절차 간소화법」을 적용 시 전체 시가화예정

용지 물량의 30% 범위 내에서 도시기본계획 변경 없이 단지계획을 수립할 수 있다.
② 용도지역 변경, 도시계획시설 결정, 지구단위계획 수립 등의 중요한 도시계획 변경 사항이 의제가 된다.
③ 주거용지를 포함한 복합용도개발이 가능하다.
④ 실수요 검증 평가 점수에 토지 확보율이 10%가 배정되어 있다. 토지 확보는 검증을 통과하는 중요한 판단 요소이다.
⑤ 도시첨단물류단지는 해당 시·도에서 실수요 검증에 대한 자문을 받아야 한다.

실수요 검증

실수요 검증은 「산업단지 절차 간소화법」을 적용하여 개발할 경우 받아야한다. 검증 시기는 단지계획 제안 신청 전에 통과해야 하며, 실수요 검증권자는 시·도지사이다. 물류단지 개발에 필요한 필수 점검 사항을 사전에 확인하는 과정이다.

검증은 총점 200점 기준으로 평가항목별 점수의 50% 이상이 되어야 통과할 수 있다. 검증항목은 7개 항목의 사업계획 타당성과 5개 항목의 지정요청자 사업수행 능력이다. 실수요 검증 평가 기준은 「물류시설법 시행규칙」에 근거한다.

<실수요 검증 평가 기준>

구분	배점
입주 수요, 수행능력 등 사업계획의 타당성	120점
입주 기업체 등의 입주 수요 면적의 신뢰도	20점
물류단지 개발·운영 전략의 적정성 및 실행 가능성	10점
지정 요청자 등의 사업추진 능력의 신뢰도	10점
물류단지 입지 선정의 적정성	20점
물류단지 면적 대비 물류시설용지 면적 비율	20점
장래의 물류단지 수요면적 대비 물류시설 용지 면적 비율	20점
인근 물류단지와의 상호 중복성	20점
지정 요청자등의 금융 및 재무부문 사업수행 능력	80점
총 사업비 산정의 타당성	10점
총 사업비 대비 자기자본 비율	10점
자본 조달계획의 신뢰도	20점
신용평가등급	20점
해당 물류단지의 토지 확보율	20점

민간과 공공이 공동으로 물류단지를 개발할 때 수용·사용이 가능한가요?

▶ 물류시설법 제32조제1항은 민간법인이 국가 등과 공동으로 물류단지개발사업을 시행하는 경우에도 적용되어 같은 항 단서에 따른 토지 매입 요건을 갖춘 경우에만 토지 등을 수용하거나 사용할 수 있습니다.

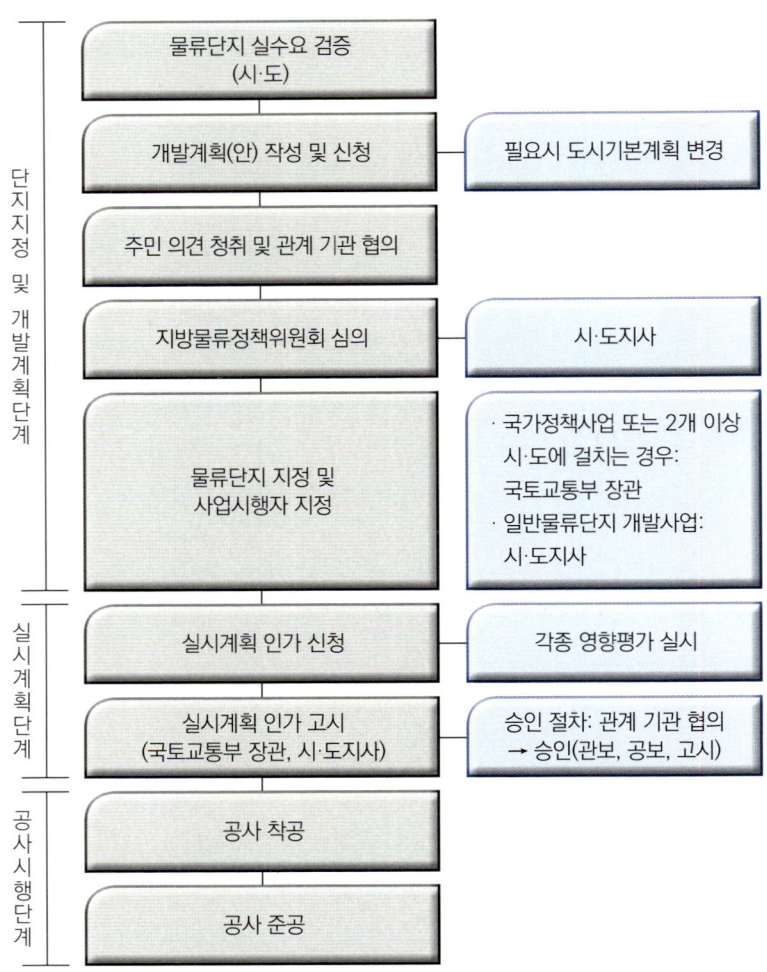
<물류단지 개발 절차도>

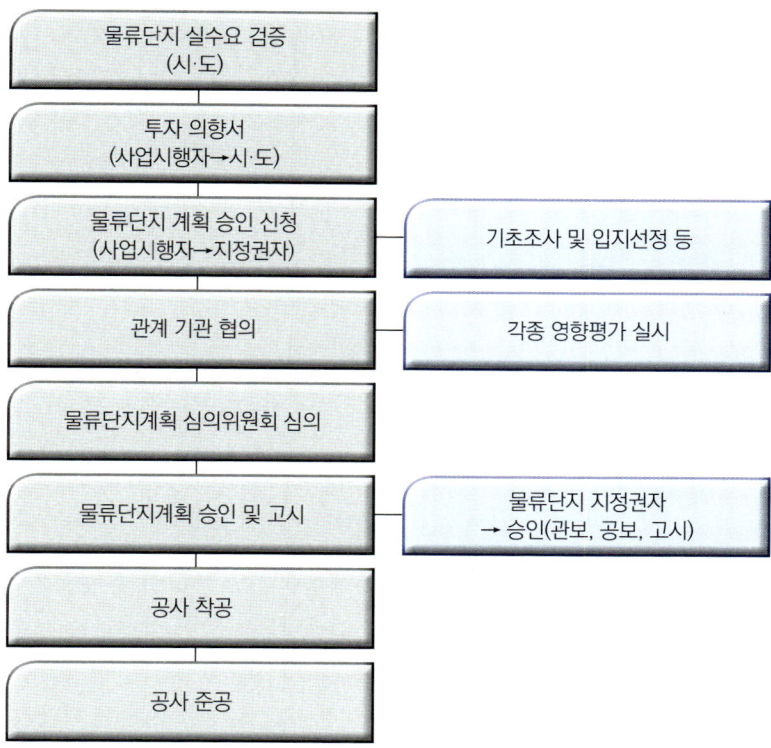

<산업단지 물류단지 인허가절차 간소화 절차도>

※「산업단지절차 간소화법」 적용 시 물류단지 지정고시 및 사업자 지정, 실시계획 승인 동시 진행 가능

물류단지 개발사업 핵심 Point

1. 제안요건: 없음
2. 인허가권자: 시·도지사
3. 용도지역 변경: 의제 가능
4. 토지수용권: 있음
5. 실수요 검증 필요

산업유통형 지구단위계획

근거법	「국토계획법」이다.
최소 규모	최소 면적은 3만㎡ 이상이다.
제안 요건	구역 내 사유지 면적의 2/3 이상에 해당하는 토지소유자의 동의를 받아야 한다.
제안 가능 용도지역	계획관리지역, 생산관리지역, 보전관리지역, 농림지역 등에서 제안할 수 있다.
용도지역 변경	주거용지 지구단위계획 내용과 동일하다.
토지수용권	토지수용권이 없기 때문에 토지권원은 협의매수를 통하여 확보해야 한다.
결정권자	시장·군수(광역시 군수 제외)이다.
영향평가	면적에 상관없이 지구단위계획구역 지정 시 전략환경영향평가 대상이다. 교통영향평가는 심의 대상이 아니다. 다만, 지자체에서 교통영향평가 대상을 별도로 정하는 경우도 있다.
인허가 절차	주거형 지구단위계획과 내용이 동일하다.
특징	① 도시계획 조례상 건폐율의 150%, 용적률의 200% 범위 내에서 완화가 가능하다. 계획관리지역의 경우 건폐율은 40% → 60%, 용적률은 100% → 200%까지 완화할 수 있다. ② 녹지, 도로 등의 공공시설용지는 기부채납 대상이 아니다.

③ 토지컨디션에 제약은 많으나, 인허가 기간 등을 고려하여 우선적으로 검토하는 산업(물류)용지 개발방식이다.
④ 지구단위계획 승인 후 공사를 위한 개발행위허가 시 표고, 경사 등의 개발 기준은 해당 시·군의 도시계획 조례를 따라야 한다.

> **궁금합니다!**
>
> **지구단위계획의 인허가권자는 왜 결정권자라고 하나요?**
> ▶ 지구단위계획의 근거법은 「국토계획법」으로 "도시관리계획"에 속하며 도시관리계획은 민간이 변경할 수 없는 행정계획입니다. 다만, 민간이 제안한 지구단위계획이 민간이 시행 가능하다고 지자체가 판단할 경우 지자체가 도시관리계획을 결정(변경)해 주기 때문에 다른 사업들처럼 지정권자, 승인권자라는 단어를 사용하지 않습니다.

산업유통형 지구단위계획 핵심 Point

1. 제안요건: 없음
2. 인허가권자: 시장, 군수
3. 용도지역 변경: 별도 절차 필요
4. 토지수용권: 없음

개발행위허가

근거법 「국토계획법」이다.

최대 규모 용도지역마다 개발행위허가 최대 규모가 다르다.

<용도지역별 개발행위허가 면적 규모>

규모	용도지역
5천㎡ 미만	보전녹지지역, 자연환경보전지역
1만㎡ 미만	주거지역, 상업지역, 자연녹지지역, 생산녹지지역
3만㎡ 미만	공업지역, 관리지역, 농림지역

주: 관리지역과 농림지역은 도시계획 조례에서 별도 규정 가능

신청 요건 개인 토지소유자에 한하여 신청할 수 있다.

개발 가능 용도지역 도시지역과 비도시지역에서 모두 가능하다. 다만, 용도지역별로 허용되는 건축물 용도와 용적률의 차이가 있다.

토지수용권 토지수용권이 없기 때문에 토지권원은 협의매수를 통하여 확보해야 한다.

허가권자 허가권자는 시장·군수·구청장이며, 일정 규모 이상은 시·도지사이다.

영향평가 교통영향평가는 개별 건축물 용도별 연면적에 따라 심의 대상 여부가 결정된다. 환경영향평가와 재해영향평가는 용도지역별 대상지 면적에 따라 평가대상 여부가 결정된다.

허가 대상 개발행위허가 대상은 건축물의 설치, 공작물의 설치, 토지의 형질변경, 토석채취, 토지분할, 물건을 쌓아 놓는 행

특징	위이다. ① 해당 용도지역에서 허용하는 건축물만 개발행위를 할 수 있다. ② 건폐율과 용적률 등을 완화 받을 수 없어 기부채납이 없다. ③ 대상지 내 성장관리계획 또는 지구단위계획이 수립된 경우 개발행위허가는 도시계획위원회 심의가 의제된다. ④ 2023년 말까지 성장관리계획을 미수립한 지자체에서는 공장, 제조업소 신·증설이 불가능하다.

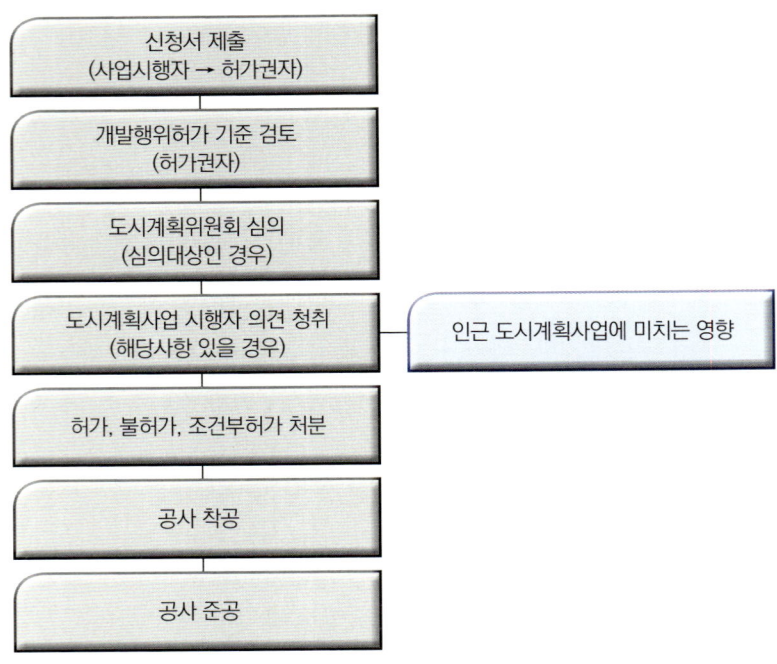

<개발행위 절차도>

개발행위허가 핵심 Point

1. 제안요건: 100% 확보된 토지에서 가능
2. 인허가권자: 시·도지사, 시장, 군수, 구청장
3. 용도지역 변경: 불가
4. 토지수용권: 없음

산업(물류)용지 개발방식 비교

일정 규모 이상의 산업(물류)용지를 조성하기 위해 적용하는 개발방식의 주요 특징을 비교하면 다음과 같다. 개발행위허가는 소규모 개발이 많은 점을 고려하여 비교에서 제외하였다.

구분	산업단지 개발사업	물류단지 개발사업	산업유통형 지구단위계획
성격	사업 계획	사업 계획	행정 계획
인허가권자	30만㎡ 미만: 시장·군수·구청장 30만㎡ 이상: 시·도지사, 대도시 시장 (일반산업단지 기준)	시·도지사	시장, 군수
토지수용권	사유지 면적 1/2 이상 토지권원 확보	사유지 면적 2/3 이상 매입	없음
제안 가능 용도지역	도시첨단산업단지: 도시지역	도시첨단물류단지: 도시지역	계획관리지역 생산관리지역 보전관리지역 농림지역
토지이용 구분	산업시설용지, 복합용지, 주거시설용지, 지원시설용지	물류시설용지, 상류시설용지, 복합용지, 지원시설용지	공업용지, 유통용지, 공공시설용지
용도지역 변경 의제	있음	있음	-
지구단위 계획 의제	있음	있음	-
도시기본계획 물량	배정 확인주	배정 확인주	배정 필요
개발행위 허가 기준	비고려	비고려	준용
기부채납	개별법 적용	개별법 적용	없음
구역 실효	5년	2~5년	5년

주: 「산업단지 절차 간소화법」에서 시가화예정용지 30% 범위 내 배분 가능하나 물량 소진 여부에 대해서는 지자체 확인 필요

산업단지 개발사업

1. 과업 개요

- 위치: 여주시 ○○동 일원
- 면적: 195,453㎡
- 용도지역: 계획관리지역, 보전관리지역, 농림지역
- 컨설팅 내용: 산업단지 조성을 위한 적정 구역계 및 진입도로 검토

2. 대상지 현황 분석

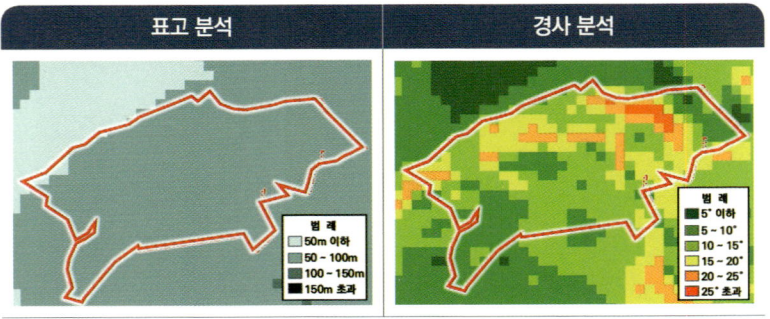

3. 개발 컨설팅

■ **구역계 검토**

- 「수도권정비법」상 자연보전권역의 산업단지 개발이 가능한 최대 규모와 대상지 현황 등을 종합적으로 검토하여 최적의 구역계 설정(면적 58,829㎡)

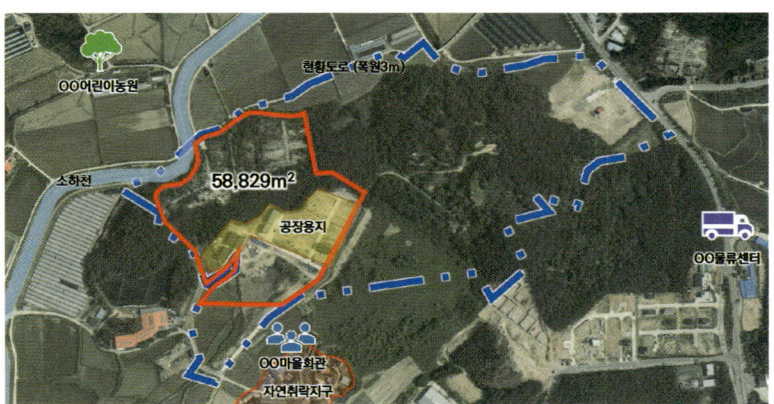

■ **진입도로 개설 방안**
- 여주시 사례 검토 결과, 폭원 15m 이상의 도시계획도로 필요
- 도시계획도로 신설에 따른 원활한 토지 수용을 위해 국·공유지인 현황도로를 진입도로로 검토

4. 검토 결과
- 여주시는 「수도권정비계획법」상 자연보전권역에 속해 산업단지 개발 상한 면적(6만㎡) 고려
- 보전관리지역과 농림지역의 입지를 고려하여 구역계 조정 필요
- 기훼손된 지역, 계획관리지역, 구역계 정형화를 고려하여 대상지 서측으로 구역계 설정
- 대상지 북측 현황도로를 활용하여 진입도로 확보 필요

Case) 물류단지 개발사업

1. 과업 개요
- 위치: 용인시 ○○동 일원
- 면적: 303,175㎡
- 용도지역: 자연녹지지역, 보전녹지지역
- 컨설팅 내용: 물류 창고 개발을 위한 적정 개발 방안 검토

2. 대상지 현황 분석

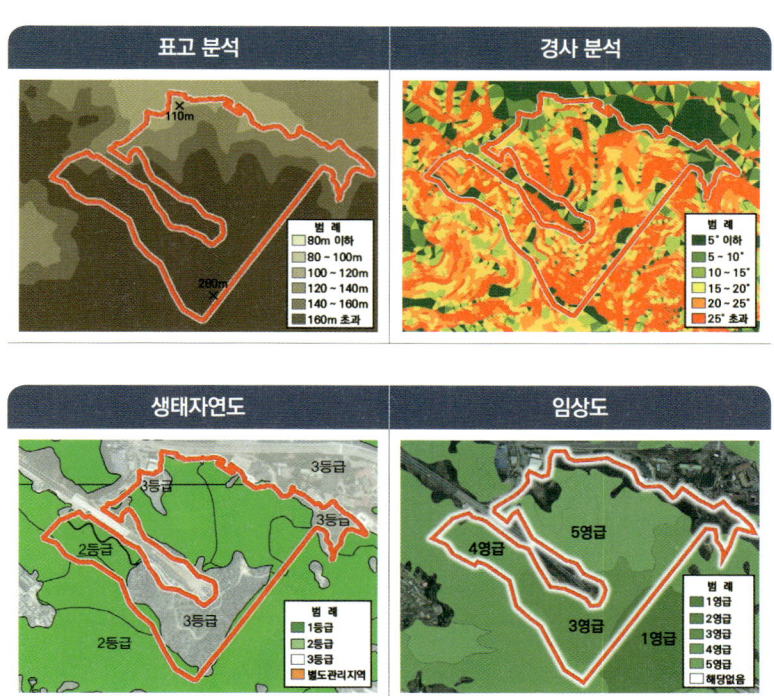

제3장 최적의 개발방식을 찾아라! Case Study

3. 개발 컨설팅

- 대상지가 대부분 보전녹지지역임을 고려하여 물류단지 개발사업 방식 적용 검토
- 물류단지 실수요 검증 등 개발 기준 적정성 검토
  ① 생태자연도 2등급지 과다 입지(전체 59.9%)
    - '실수요 검증 세부 기준' 중 '생태자연도' 점수 '0'점 예상

생태자연도 (7점)	7점	6점	5점	4점	3점	2점	1점	0점
	0%	0%~3%	3%~5%	5%~10%	10%~15%	15%~20%	20%~25%	25% 이상

  ② 산지전용 허가 기준 미달 우려
    - 산지전용 입목 축적 기준이 ha당 150% 이하만 개발이 가능하나 대상지는 150% 초과
  ③ 다수의 보전산지로 중앙산지관리위원회 심의 대상
    - 대상지 내 산지 278,022㎡ 중 111,413㎡가 보전산지로, 산지 해제를 위해 중앙산지관리위원회 심의 필요

4. 검토 결과

- 대상지 내 국도 42호선이 통과하고 연구시설이 결정되어 있어, 국도를 고려한 토지이용계획 및 연구시설 폐지 필요
- 개발 기준에 미달되는 리스크 요인 다수 확인
  - 실수요 검증, 산지전용 허가 기준 미달, 보전산지 해제 절차 등

산업유통형 지구단위계획(1단계)+물류단지 개발사업(2단계)

1. 과업 개요

- 위치: 이천시 ○○면 ○○리 일원
- 면적: 303,898㎡ (1단계: 90,913㎡, 2단계: 212,985㎡)
- 용도지역: 계획관리지역, 보전관리지역, 농림지역
- 컨설팅 내용: 단계별 적정 개발 방안 검토

2. 대상지 현황 분석

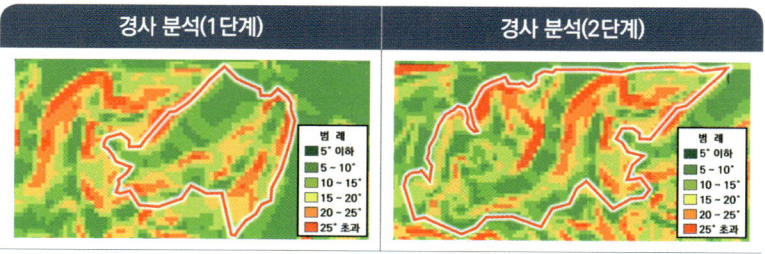

생태자연도(1단계) | 생태자연도(2단계)

3. 개발 컨설팅

◦ 사업대상지 내 용도지역을 고려하여 적용 가능한 개발방식을 단계별로 구분하여 검토

구분	1단계	2단계
개발방식	◦ 산업유통형 지구단위계획 - 계획관리지역 100%	◦ 물류단지 개발사업 - 용도지역 무관
근거법률	◦ 「국토계획법」	◦ 「물류시설법」 ◦ 「산업단지 절차 간소화법」
지정권자	◦ 이천시장	◦ 경기도지사
사업시행자	◦ 민간	◦ 민간
제안 요건	◦ 토지 면적의 2/3 이상 토지소유자 동의	없음

4. 검토 결과

◦ 용도지역을 고려하여 단계별 개별 사업으로 추진

 - 1단계 지구단위계획: 약 9만㎡

 - 2단계 물류단지: 약 21만㎡

◦ 물류단지 개발사업 제안 요건은 없으나, 토지수용권 재결을 위해 단지 면적의 2/3이상 매입 필요

산업(물류)용지 개발 Q&A

Q&A 1. 산업단지계획의 경미한 변경인 경우 개별법에 따른 심의회·위원회의 변경 심의 해당 여부

질의

중앙 및 지방 산업단지계획 심의위원회의 심의를 거치지 아니하는 산업단지계획의 경미한 변경 사항이 「산업입지법」 제14조에서 규정하고 있는 개별법에 따른 심의회·위원회의 심의 대상인 경우 개별법에 따른 심의 해당 여부

회신

「산업단지 절차 간소화법」 제15조 단서에 따라 중앙 및 지방 산업단지계획 심의위원회의 심의를 거치지 아니한 산업단지계획의 경미한 변경이 법 제14조에서 규정하고 있는 개별법에 따른 심의회·위원회의 심의 대상이면 개별법에 따라 심의가 필요함.

출처: 국토교통부 질의회신사례 (안건번호 15-0364)(회신일자 2015. 7. 30.)

Q&A 2. 준공 완료된 물류단지의 토지이용계획을 변경하는 경우 적용 법령 확인 필요

질의

준공된 날부터 20년이 지나지 아니한 물류단지의 토지이용계획을 변경하여 "지원시설용지 일부"를 대규모 점포, 전문상가단지, 농수산물도매시장, 농수산물공판장 등의 "상류시설용지"로 변경하고, 이에 따른 시설 공사 가능 여부

회신

「물류시설법」 제52조의2 단서에 따른 물류단지 재정비 사업의 대상에 해당하고, 토지이용계획 변경 등에 필요한 도시계획 변경은 「물류시설법」 제52조 및 제30조에 따라 의제 처리가 가능함.

출처: 국토교통부 질의회신사례 (안건번호 16-0136)(회신일자 2016. 6. 23.)

Q&A 3. 지구단위계획구역 내 토지와 인접한 산업단지 내 토지 간 공동 건축 가능 여부

질의

지구단위계획구역이 상이한 지역(산업단지)인 경우에도 토지소유자 및 사용 목적이 동일하면 공동 건축 허용 여부

* 대상 부지는 동일한 제품 생산용지로 활용 중이나, 산업단지와 택지개발지구로 각각 계획·운영되고 있어 공동 건축 제한(공장증설 애로)

회신

도시계획의 취지나 목적 및 기반시설계획 용량에 부합되는 경우로서, 토지소유자 및 사용 목적이 동일하고 지구단위계획구역 내·외의 용도지역이 동일하며, 「건축법」 등 관련 법령에 적합한 경우 지구단위계획구역 경계에 연접한 토지와의 공동 건축은 가능함.

출처: 국토교통부 질의회신사례 (안건번호 도시정책과-2977)(회신일자 2014. 4. 11.)

Q&A 4. 계획관리지역에서 공업지역에 허용되는 공장(업종) 입지 가능 여부

질의

계획관리지역에 지정된 산업·유통형 지구단위계획구역에서 「대기환경보전법」 시행령 별표1에 따른 공장 중 1종사업장 내지 3종사업장의 입지 가능 여부

회신

「지구단위계획 수립지침」에서 산업·유통형 지구단위계획구역은 건축물의 행위 제한 기준을 공업지역 및 상업지역에 허용되는 행위의 범위 안에서 완화할 수 있도록 규정함.

대상지가 산업·유통형 지구단위계획구역이면 건축물의 건축 제한을 공업지역 허용 행위 범위에서 완화 가능하여, 질의한 업종은 입지 가능함.

출처: 국토교통부 질의회신사례 (안건번호 도시정책과-6771)(회신일자 2013. 11. 26.)

Q&A 5. 지구단위계획구역 내 기존 공장 재축 가능 여부

질의

지구단위계획 수립 이전에 건축된 건축물(모기장 직조공장)로서, 지구단위계획상 허용되지 않는 건축물임. 화재로 동 건축물이 소실된 경우 「국토계획법」 제82조(기존 건축물에 대한 특례)에 따라 재축 가능 여부

회신

지구단위계획에 따른 기존 건축물의 특례에 관한 사항은 「지구단위계획 수립지침」 제3장에서 별도로 규정함.

지구단위계획 수립 시 지구단위계획구역 지정 목적을 훼손하지 않는 범위에서 해당 지구단위계획구역의 특성 등을 고려하여 기존 건축물 특례에 관한 사항을 별도로 정할 수 있으므로, 해당 지구단위계획에서 기존 건축물 특례를 정한 경우라면 재축이 가능함.

출처: 국토교통부 질의회신사례 (안건번호 도시정책과-366)(회신일자 2016. 1. 13.)

관광 용지

관광용지는 골프장, 스키장, 리조트, 수목원, 농어촌관광지 등을 단독 또는 복합으로 개발하는 용지이다. 대부분의 관광용지 개발사업은 다른 용도의 개발사업에 비해 초기 투자 비용이 많이 소요된다. 반면에 자금 회수는 시설 이용료와 부대사업 등으로 이루어져 자금 회수가 장기간 소요된다.

관광용지를 개발하기 위해 많이 적용하는 방식은 관광휴양형 지구단위계획, 관광단지 개발사업, 농어촌관광단지 개발사업 등이 있다.

관광휴양형 지구단위계획

근거법 「국토계획법」이다.

최소 규모 최소 면적은 3만㎡ 이상이다.

제안 요건	구역 내 사유지 면적의 2/3 이상에 해당하는 토지소유자 동의를 받아야 한다.
제안 가능 용도지역	계획관리지역, 생산관리지역, 보전관리지역, 농림지역 등에서 제안할 수 있다. 농림지역은 관광·휴양개발진흥지구 지정이 필요하다.
용도지역 변경	계획관리지역 외 용도지역에서 골프장, 호텔, 콘도 등을 개발하기 위해서는 지구단위계획 수립 시 계획관리지역으로 변경이 필요하다. 용도지역 변경은 시·도지사(대도시 시장 제외)에게 별도로 도시계획 심의를 받아야 한다. 경기도의 경우 지구단위계획이 수반되는 비도시지역 30만㎡ 이하의 용도지역 변경은 시장·군수에게 사무위임하고 있다. 다만, 골프장, 스키장이 포함된 경우는 제외한다.
토지수용권	토지수용권이 없기 때문에 토지권원은 협의매수를 통하여 확보해야 한다.
결정권자	시장·군수(광역시 군수 제외)이다.
영향평가	면적에 상관없이 지구단위계획구역 지정 시 전략환경영향평가 대상이다.
인허가 절차	주거형 지구단위계획과 동일하다.
특징	① 도시계획 조례상 건폐율은 150%, 용적률은 200% 범위 내에서 완화가 가능하다. ② 지구단위계획구역 내 골프장, 스키장을 포함한 체육시

설용지의 최대 규모는 6㎢이다. 건폐율은 40%, 용적률은 100%까지 허용한다.

③ 공공시설용지 중 녹지는 구역 면적의 30% 이상 확보해야 한다. 도로, 주차장 등의 공공시설용지와 더불어 기부채납 대상은 아니다.

④ 지구단위계획 승인 후 공사를 위한 개발행위허가 시 표고, 경사 등의 개발 기준은 해당 시·군의 도시계획조례를 따라야 한다. 다만, 개별법(예:체육시설법)에 따른 공사 시 개별법에서 정한 개발 기준을 따른다.

관광휴양형 지구단위계획 핵심 Point

1. 제안요건: 사유지 면적 2/3이상 토지소유자 동의
2. 인허가권자: 시장, 군수
3. 용도지역 변경: 별도 절차 필요
4. 토지수용권: 없음

관광단지 개발사업

근거법	「관광진흥법」이다.
최소 규모	최소 면적은 50만㎡ 이상이다.
제안 요건	없다.
제안 가능 용도지역	모든 용도지역에서 제안이 가능하나, 자연환경보전지역은 수산자원보호구역(용도구역) 지정 시 가능하다.
토지수용권	단지 내 사유지 면적의 2/3 이상 토지권원을 확보해야 한다.
지정권자	시·도지사이다.(입안권자는 시장·군수·구청장)
영향평가	교통·환경·재해영향평가 대상이며, 조성계획 승인 전까지 완료해야 한다.
인허가 절차	단지 지정 및 개발계획, 조성계획 등 2단계로 추진하며, 동시 진행도 가능하다.
특징	① 관광개발기본계획 및 권역별 관광개발계획에서 대상지가 먼저 반영되어 있어야 한다. ② 조성계획 승인 시 계획관리지역 변경과 개발진흥지구 지정 등이 의제처리된다. ③ 공공편익시설, 숙박시설, 운동·오락시설, 휴양·문화시설이 기본시설이다.

<관광단지 시설 구분>

시설 구분	시설 종류
공공편익시설	화장실, 주차장, 전기시설, 통신시설, 상하수도시설, 관광안내소
숙박시설	관광호텔, 수상관광호텔, 한국전통호텔, 가족호텔, 휴양콘도미니엄
운동·오락시설	골프장, 스키장, 요트장, 조정장, 카누장, 빙상장, 자동차경주장, 승마장, 종합체육시설, 경마장, 경륜장 또는 경정장
휴양·문화시설	민속촌, 해수욕장, 수렵장, 동물원, 식물원, 수족관, 온천장, 동굴자원, 수영장, 농어촌휴양시설, 산림휴양시설, 박물관, 미술관, 활공장, 자동차야영장, 관광유람선 또는 종합유원시설
접객시설	관광공연장, 관광유흥음식점, 관광극장유흥업점, 외국인전용유흥음식점, 관광식당 등
지원시설	관광종사자 전용숙소, 관광종사자 연수시설, 물류·유통 관련 시설

관광지와 관광단지와의 차이점은 뭔가요?

▶ ① 관광지는 사업시행자가 지자체만 가능합니다.
   ② 지정 면적에 대한 규모 제한이 없습니다.
   ③ 기본시설은 공공편익시설입니다.
   ※ 관광지 내 부대사업은 민간 투자가 가능합니다.

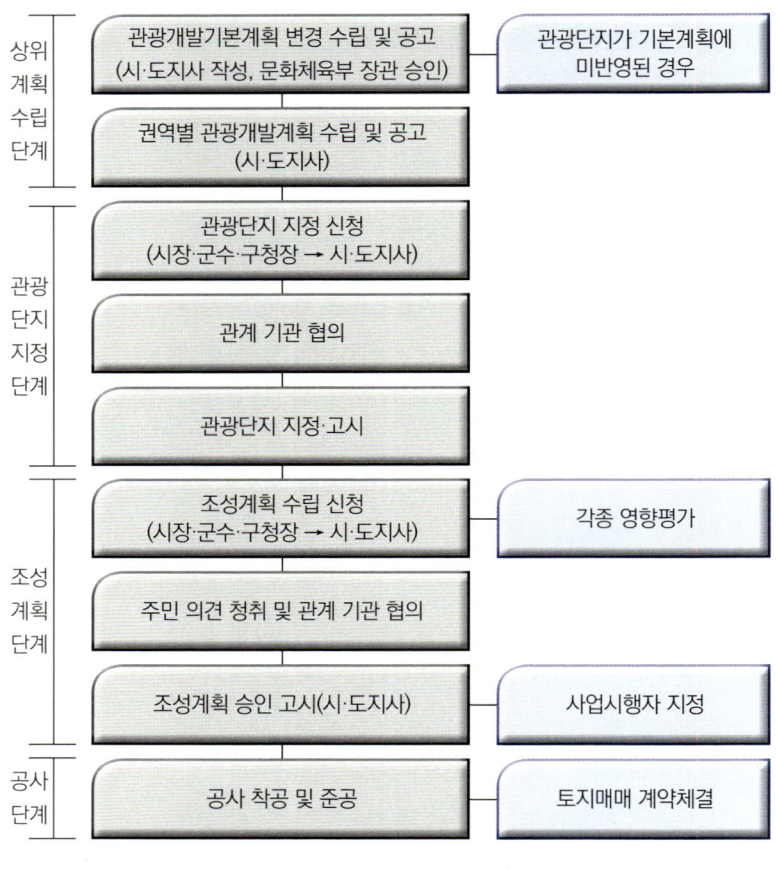

<관광단지 개발 절차도>

관광단지 개발사업 핵심 Point

1. 제안요건: 없음
2. 인허가권자: 시·도지사
3. 용도지역 변경: 계획관리지역만 의제 가능
4. 토지수용권: 있음
5. 관광개발계획에 선 반영 필요

농어촌관광단지 개발사업

근거법	「농어촌정비법」이다.
최소 규모	농어촌관광휴양단지는 1.5만~100만㎡, 관광농원은 10만㎡ 미만이다.
제안 요건	없다.
제안 가능 용도지역	읍·면 지역 중 비시가화지역(녹지지역+비도시지역)이다.
토지수용권	토지수용권이 없기 때문에 토지권원은 협의매수를 통하여 확보해야 한다.
승인권자	농어촌관광휴양단지는 시장·군수이다.
유형	농어촌관광휴양단지사업, 관광농원사업, 농어촌민박사업으로 구분한다.
영향평가	농어촌관광단지 개발사업은 영향평가 대상이 아니나 단지사업 내 개별시설 조성 시 개별법에 의한 영향평가를 받는다. 예를 들어 체육시설 조성 시 15만㎡ 이상이면 소규모 환경영향평가와 교통영향평가, 재해영향평가 대상이다.
인허가 절차	사업계획 승인을 받아야 한다.
특징	① 기본시설은 농어촌관광휴양단지의 경우 농어촌전시관, 학습관이며, 관광농원사업은 영농체험시설이다.

② 사업계획 승인 시 도시계획시설 결정, 개발행위허가 등이 의제된다.

<농어촌관광단지 개발사업 시설 기준>

구분	시설의 종류	시설 기준
농어촌 관광 휴양 단지 사업	농어업전시관 (기본시설)	농기구 등 농어업 관련 장비, 사진 등 전시 시설(면적 60㎡ 이상)
	학습관 (기본시설)	학습에 필요한 책상과 의자 등을 갖춘 시설(면적 60㎡ 이상)
	지역 특산물 판매시설	지역 농수산물이나 특산물의 전시와 판매시설
	체육시설	요트장, 조정장, 카누장, 빙상장, 승마장, 종합 체육시설, 수영장, 체육도장, 골프연습장, 체력단련장, 당구장, 썰매장
	휴양시설	원두막이나 낚시터 등 이용객 휴식 시설
	그 밖의 시설	농어촌 관광휴양단지의 운영 필요 시설
관광 농원 사업	영농체험시설 (기본시설)	농장, 농수산물 생산 토지와 시설 등 면적이 2천㎡ 이상이고, 관광농원 개발 승인 면적의 20% 이상
	지역 특산물 판매시설	지역 농수산물이나 특산물의 전시 및 판매시설
	체육시설	요트장, 조정장, 카누장, 빙상장, 승마장, 종합 체육시설, 수영장, 체육도장, 골프연습장, 체력단련장, 당구장, 썰매장
	휴양시설	원두막이나 낚시터 등 이용객 휴식을 제공 시설
	음식물 제공시설	「식품위생법」에서 정한 영업시설
	기타시설	관광농원사업 운영 필요시설

※ "기본시설"이란 농어촌관광휴양단지사업 사업시행자가 반드시 설치해야 하는 시설임

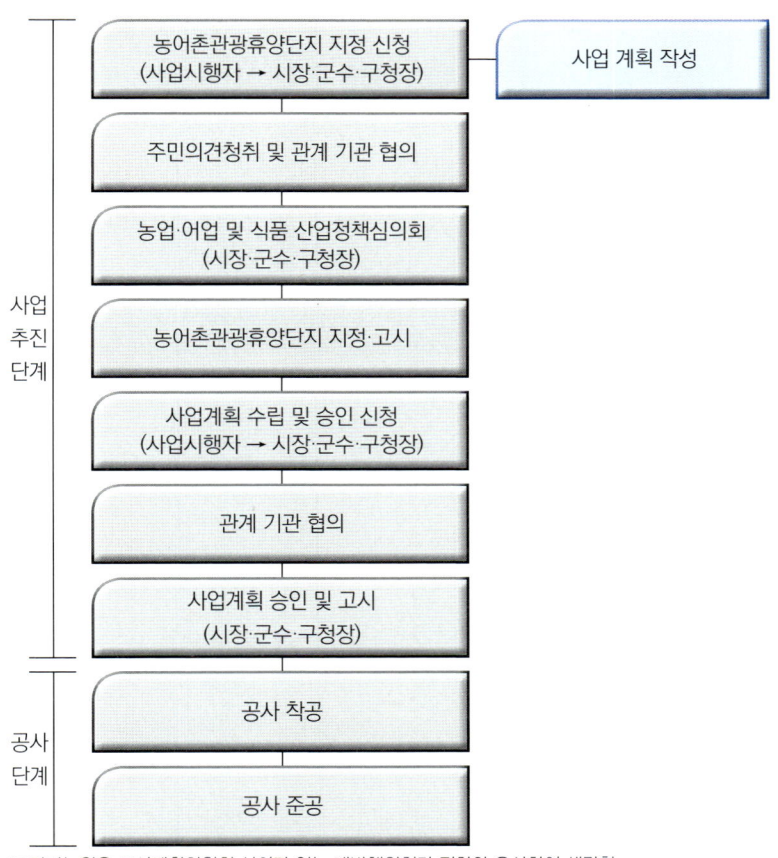

<농어촌관광휴양단지 개발 절차도>

※ 관광농원은 도시계획위원회 심의가 없는 개발행위허가 절차와 유사하여 생략함.

농어촌관광지 개발사업 | 핵심 Point

1. 제안요건: 100% 확보된 토지에서 가능
2. 인허가권자: 시장, 군수
3. 용도지역 변경: 별도 절차 필요
4. 토지수용권: 없음
5. 개발행위허가 동시 진행 가능

궁금합니다!

캠핑장(야영장) 사업을 하고 싶은데 어떤 근거법으로 개발해야 하나요?

▶ 캠핑장을 개발할 수 있는 방법은 다양합니다. 위치와 토지컨디션에 따라 적용할 수 있는 개발방식이 달라지니 확인하시고 진행하시면 됩니다.

<야영장 개발 가능 사업>

근거법	설치 방법
「관광진흥법」	일반야영장업, 자동차야영장업
「청소년활동진흥법」	청소년야영장
「공원녹지법」, 「자연공원법」	공원시설 중 휴양 및 편의시설
「산림휴양법」	자연휴양림 내 편익시설
「농어촌정비법」	관광농원 내 기타시설
「해수욕장법」	편의시설
「개발제한구역법」	주민생업을 위한 시설
「폐교활용법」	교육용 시설

관광용지 개발방식 비교

일정 규모 이상의 관광용지를 조성하기 위해 적용하는 개발방식의 주요 특징을 비교하면 다음과 같다.

구분	관광휴양형 지구단위계획	관광단지사업	농어촌관광 휴양단지사업
성격	행정 계획	사업 계획	사업 계획
인허가권자	시장·군수	시·도지사	시장·군수·구청장
토지수용권	없음	사유지 면적의 2/3 이상 토지권원 확보	없음
지정 대상	계획관리지역, 계획관리지역 외 비도시지역 (개발진흥지구 지정시)	없음	읍·면지역 중 비시가화지역
용도지역 변경 의제	없음	계획관리지역	없음
지구단위 계획 의제	-	있음	없음
도시기본계획 물량	배정	배정	없음
개발행위 허가 기준	준용	비고려	준용
기부채납	없음	개별법 적용	개별법 적용
구역 실효	5년	2년	2년

관광단지 지정 현황(2022.6. 기준)

자치단체		명칭	지정면적 (천㎡)	시행자 형태	단지 지정	조성 계획
부산	기장군	오시리아	3,662	공공	2005.03.	2021.02.
인천	강화군	강화종합리조트	652	민간	2012.07.	2020.01.
광주	광산구	어등산	2,736	공공	2006.01.	2019.12.
울산	북구	강동	1,367	공공	2009.11.	2020.04.
경기 (2)	안성시	안성죽산	1,438	민간	2016.10.	조성계획협의 중
	평택시	평택호	663	공공	1977.03.	2020.02.
강원 (14)	고성군	델피노골프앤리조트	900	민간	2012.05.	2020.10.
	속초시	설악한화리조트	1,336	민간	2010.08.	2021.06.
	양양군	양양국제공항	2,730	민간	2015.12.	2020.12.
	원주시 (3)	원주오크밸리	11,350	민간	1995.03.	2020.10.
		원주더네이쳐	1,444	민간	2015.01.	(실효재수립)
		원주루첸	2,644	민간	2017.04.	2022.04.
	춘천시 (2)	라비에벨	4,844	민간	2009.09.	2017.10.
		신영	1,695	민간	2010.02.	2020.12.
	평창군 (3)	휘닉스파크	4,233	민간	1998.10.	2018.12.
		평창용평	16,219	민간	2001.02.	2019.04.
		대관령알펜시아	4,837	공사	2005.09.	2006.04.
	홍천군	비발디파크	7,052	민간	2008.11.	2020.11.
	횡성군 (2)	웰리힐리파크	4,831	민간	2005.06.	2020.11.
		드림마운틴	1,797	민간	2016.03.	2020.12.
경북 (6)	경주시 (4)	보문	8,515	공공	1975.04.	2020.11.
		감포해양	1,804	공공	1993.12.	2019.02.
		마우나오션	6,419	민간	1994.03.	2020.12.
		북경주웰니스	810	민간	2021.07.	미수립
	김천시	김천온천	1,424	민간	1996.03.	2005.01.
	안동시	안동문화	1,655	공공	2003.12.	2020.05.

자치단체		명칭	지정면적 (천㎡)	시행자 형태	단지 지정	조성 계획
경남 (3)	거제시	거제남부	3,694	민간	2019.5.	미수립
	창원시	창원구산해양	2,842	공공	2011.04.	2015.03.
		웅동복합레저	2,101	공공	2012.02.	2018.09.
전북	남원시	드래곤	795	민간	2018.09.	2020.06.1
전남 (6)	고흥군	고흥우주해양	1,158	공공+민간	2009.02.	2009.05.
	여수시 (3)	여수화양	9,874	민간	2003.10.	2020.12.
		여수경도해양	2,153	민간	2009.12.	2020.10.
		여수챌린지파크	510	민간	2019.05.	2019.05.
	진도군	진도대명리조트	559	민간	2016.12.	2019.11.
	해남군	해남오시아노	5,073	공공	1992.09.	2021.11.
충북	증평군	증평에듀팜특구	2,623	민간	2017.12.	2020.08.
충남 (2)	부여군	백제문화	3,025	민간	2015.01.	2018.02.
	천안시	골드힐카운티	1,693	민간	2011.12.	2017.07.
제주 (8)	서귀포 시(5)	중문	3,201	공공	1971.01.	2020.12.
		성산포해양	747	민간	2006.01.	2020.10.
		신화역사공원	3,986	공공	2006.12.	2021.01.
		헬스케어타운	1,539	공공	2009.12.	2019.10.
		록인제주	523	민간	2013.12.	2020.01.
제주 (8)	제주시 (3)	애월복합단지	588	민간	2018.05.	2019.07.
		프로젝트ECO	699	민간	2018.05.	2020.03.
		묘산봉	4,222	민간	20.01.	2020.01.
합계		47개	148,662			

자료: 문화체육관광부

Case 관광휴양형 지구단위계획

1. 과업 개요
- 위치: ○○시 ○○면 ○○리 일원
- 면적: 1,041,000㎡ → 1,523,000㎡(증 482,000㎡)
- 용도지역: 계획관리지역, 농림지역
- 컨설팅 내용: 골프장 확장을 위한 지구단위계획 변경

2. 대상지 현황
- 확장 지역 최저 표고는 75.0m, 최고 표고는 303.9m
- 확장 지역 평균경사도는 29.2° (전체 구역 평균경사도는 19.2°)
  - ○○시 유선 문의 결과 경사도 산정은 확장 지역만 적용하는 것으로 확인
  - ○○시 개발행위허가 기준은 경사도 25° 이하이며, 도시계획위원회 자문을 거쳐 입안 결정

◦ 임상도 5영급지 일부 포함 (우선보전대상지역)

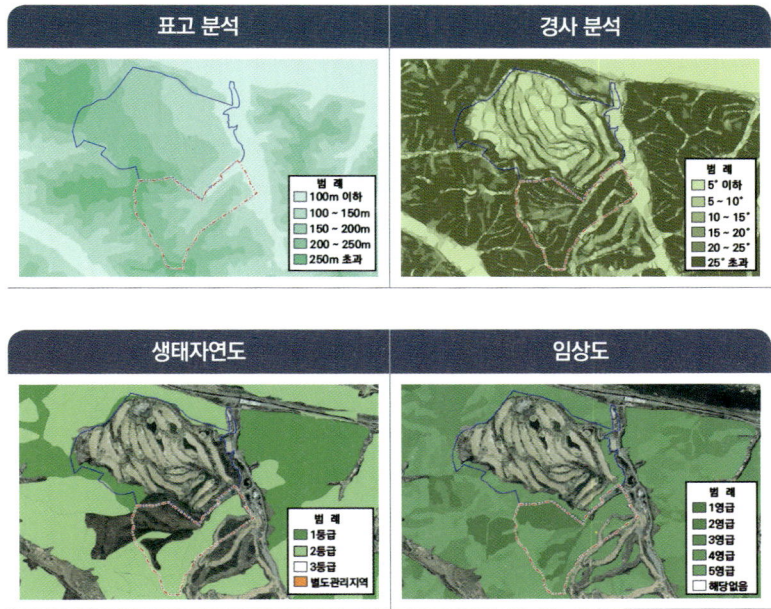

■ 확장 부지 현황종합분석

항목	기준	현황	검토 결과
표고	최저 표고 300m 이하 지역	최저 75.0m 최고 303.9m	개발 가능
경사도	25° 이하	29.2°	경사도 기준 초과하나, 도시계획위원회 자문을 거쳐 입안 여부 결정
임상도	5영급지 미만	5영급지 일부 포함	5영급지는 우선 보전대상지역으로 제척 혹은 원형보전 존치
생태 자연도	1등급 이상	2, 3등급	개발 가능
용도 지역	계획관리지역	농림지역 (17.4%) 포함	농림지역은 골프장 불가, 용도지역 변경 필요

3. 개발 컨설팅

■ 단계별 추진 검토

◦ 산지 관련 사전 협의 및 용도지역 변경 선행 후 지구단위계획 변경 진행

구분	도시관리계획 변경사항	비고
1단계	• 산지관련 사전 협의	• 산림청(북부지방산림청) • ○○시(민원 담당관)
	• 도시관리계획(용도지역) 변경 (농림지역→계획관리지역)	• 강원도지사 승인
2단계	• ○○리조트 지구단위계획 변경	• 면적 감소(196,000㎡)
	• ○○C.C 지구단위계획 변경	• 면적 증가(481,000㎡)

4. 검토 결과

- 농림지역을 계획관리지역으로 용도지역 변경 선행 필요
    - 토지적성평가 결과에 따라 입안 여부 결정
- 평균경사도가 개발행위허가 기준을 초과하나, 도시계획위원회 자문을 거쳐 지구단위계획 입안 가능(○○시 도시계획 조례)
- 임상도 5영급지 및 급경사지 포함에 따른 환경청·산림청 사전 협의 필요

Case 관광단지 개발사업 → 관광휴양형 지구단위계획

1. 과업 개요

- 위치: 충청북도 ○○군 ○○리 일원
- 면적: 1,031,000㎡
- 용도지역: 계획관리지역, 농림지역, 보전관리지역
- 컨설팅 내용: 골프장 조성을 위한 관광단지 개발사업 검토

도시계획도	항공 사진
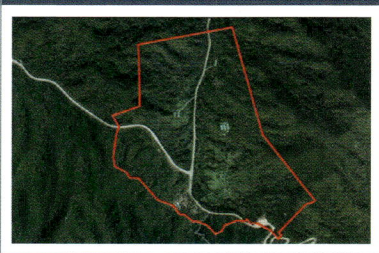	

2. 대상지 현황

- 최저 표고 733m, 최고 표고 950m
- 평균경사도 15.9°
  - ○○군 개발행위허가 기준은 평균경사도 25° 이하
- 임상도 3영급지 17.4%, 4영급지 21.7% 포함
- 생태자연도 1등급지 12.4%, 별도관리지역 1.4%(백두대간보호지역) 분포

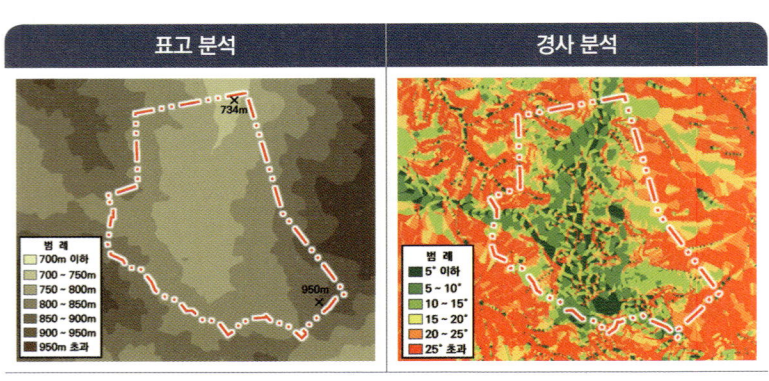

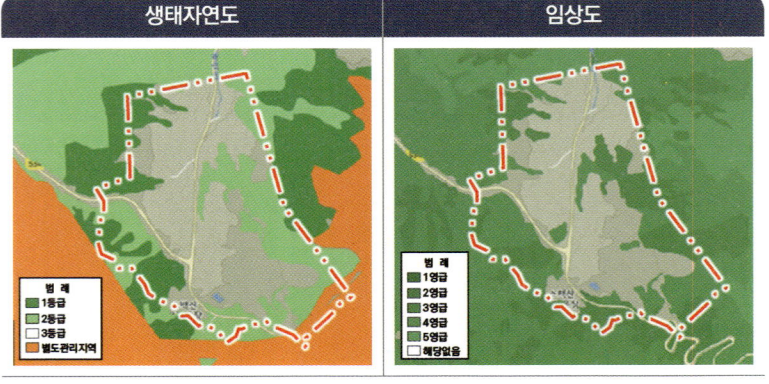

■ 확장부지 종합 현황분석

항목	기준	현황	검토 결과
표고	-	최저 733m, 최고 950m	개발 가능
경사도	25°이하	평균 15.9°	개발 가능 (일부 25°초과 지역 원형 보전)
임상도	5영급지 미만	3영급지 17.4% 4영급지 21.7%	개발 가능
생태 자연도	1등급지 제외	1등급지 12.4% 2등급지 26.9% 3등급지 59.3% 별도 관리지역 1.4%	1등급지 및 별도관리지역은 제척 또는 원형 보전 필요
용도지역	계획관리지역	계획관리지역 24.9% 생산관리지역 75.0% 보전관리지역 0.1%	생산·보전관리지역 →계획관리지역 변경 필요

3. 개발 컨설팅

■ 개발방식 검토

구분	관광단지	관광휴양형 지구단위계획
근거법	관광진흥법	국토계획법
사업규모	50만㎡ 이상	3만㎡ 이상
승인권자	충청북도지사	용도지역 변경: 충청북도지사 지구단위계획: ○○군수
사업기간	5년 ± α	2년 ± α
특징	토지수용권 있음 공유재산 임대료 감면 조세 지원	지자체 추진 사업으로 인·허가 원활 사업 계획 일부 변경 유연성
단점	사업 계획 변경 경직성 사업 기간 불확실성	토지수용권 없음 별도 세제 지원 없음

4. 검토 결과
- 관광단지는 권역별 관광개발계획의 선반영이 필요한데, 5년마다 재수립되어 시기 조정이 어려울 것으로 예상
- 지자체 추진 사업으로 인·허가가 원활한 관광휴양형 지구단위계획이 적합
- 선(先)용도지역 변경 후 지구단위계획 수립 필요

Case 농어촌관광휴양단지사업

1. 과업 개요
- 위치: 파주시 ○○리 일원
- 면적: 75,000㎡
- 용도지역: 자연녹지지역, 보전관리지역, 농림지역
- 컨설팅 내용: 관광테마펜션 개발을 위한 입지 적정성과 개발방식 검토

2. 대상지 현황

3. 개발 컨설팅

■ 진입도로 검토

- 「국토계획법」상 개발행위허가에 따른 진입도로 설치 기준 적용
  - 도시계획도로 또는 시도, 농어촌도로 등 기간도로 접속 원칙
- 교량(폭원 약 6m), 현황도로(폭원 약 3~4m)를 통해 화합로(기간도로)에 접속 가능
- 현황도로 선형을 고려하여 8m 이상 확장 필요
  - 인근 대지 맹지 발생 방지 및 인근 지장물 저촉 방지 고려

■ 개발방식 검토

- 자연녹지지역에서 관광테마 펜션을 조성할 수 있는 개발방식 검토
- 「농어촌정비법」에 따른 사업진행 시 개발행위허가 협의 필요
  - 남측 대상지는 해당 지역 개발행위허가 기준인 평균경사도 18°를 초과하여 도시계획위원회 심의 필요
- 농어촌관광휴양단지사업은 지구단위계획 미수립 대상

구분	농어촌관광휴양 단지사업	관광농원사업
대상	농어촌지역	농어촌지역
사업시행자	민간	농어업인 농어업 단체
테마펜션 설치	○	○
단독주택 단지조성	○	
진입도로 폭원	• 개발행위허가 진입도로 확보 기준 – 5천㎡ 미만: 4m – 5천~3만㎡: 6m – 3만㎡ 이상: 8m	
심의 여부	농업·농촌 및 식품산업정책심의회	–
선정안	○	

4. 검토 결과

- 남측 대상지는 개발행위허가기준(평균경사도 18°) 초과로 개발 불가
- 북측 대상지(약 4만㎡)만 농어촌관광휴양단지로 개발이 가능하나, 2개 구역으로 분리되어 구역계 정형화 필요
- 교량과 교각 등 확장이 곤란한 진입도로 폭원(6m)은 파주시 도시계획위원회 심의 필요

관광농원사업+수목원사업

1. 과업 개요

- 위치: 단양군 ○○리 일원
- 면적: 1,747,000㎡
- 용도지역: 농림지역, 자연환경보전지역
- 컨설팅 내용: 구역계 조정 및 적정 개발 방안 검토

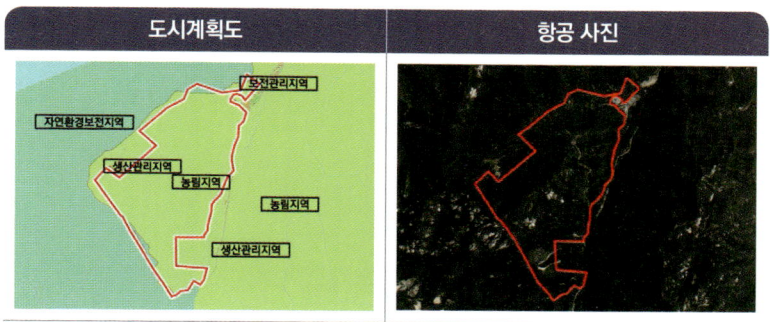

2. 대상지 현황

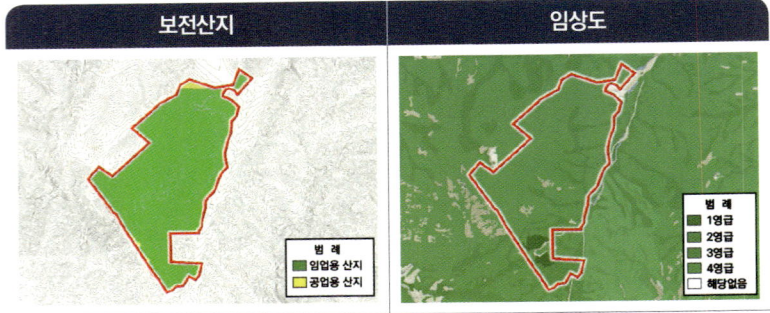

3. 개발 컨설팅

■ 개발여건 검토

◦ 개발가용지 분석
   - 개발행위허가 시 임상도, 경사도 25° 이하인 지역에서 구역계 정형화 등을 종합적으로 고려
◦ 개발가용지는 대상지 남측 약 20만㎡만 개발 가능

<개발가용지 분석>

■ 개발방식 검토
- 적용 가능한 개발방식 검토
    - 농어촌관광휴양단지사업: 100만㎡ 미만
    - 관광농원사업: 10만㎡ 미만(단, 임업용산지 3만㎡ 미만)
    - 관광휴양형 지구단위계획 가능
    - 수목원 조성 사업 가능
- 대상지 내 농업진흥지역(농업보호구역)이 일부 포함됨에 따라 농지 협의 필요
- 일부 급경사지에 대해 단지 설계 세부 검토 필요

4. 검토 결과
- 개발이 어려운 자연환경보전지역은 구역계에서 제외 필요
- 단양군 도시계획 조례 및 관련 법령에 따라 개발가용지 분석 결과 대상지 남측 약 20만㎡ 개발 가능
- 용도지역 변경이 없고, 별도의 심의가 없어 인허가 절차가 상대적으로 용이한 관광농원사업, 수목원사업이 적합

관광테마 개발행위허가

1. 과업 개요

- 위치: 인천광역시 ○○동 일원
- 면적: 63,413㎡
- 용도지역: 자연녹지지역, 보전녹지지역
- 컨설팅 내용: 주거와 관광기능 복합 개발 검토

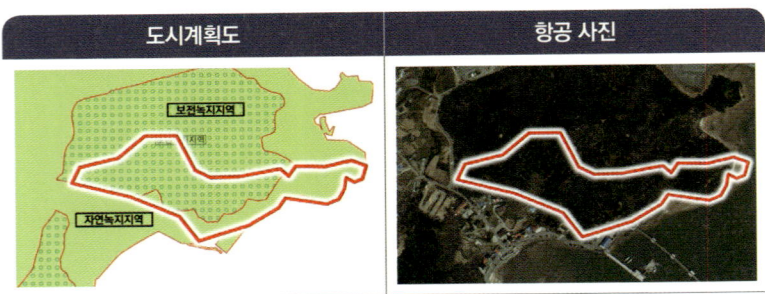

2. 대상지 현황

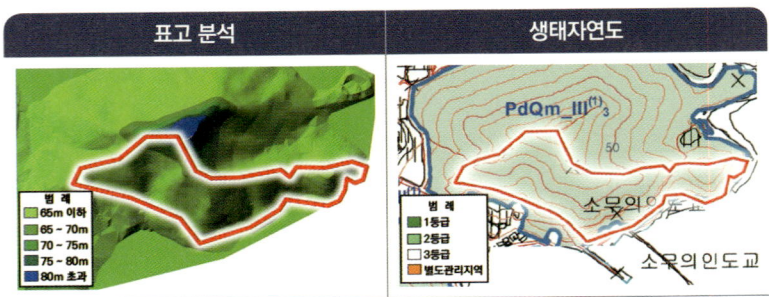

■ 공법규제 검토

- 대상지는 보전녹지지역 41,174㎡, 자연녹지지역 22,239㎡로 구성
- 보전녹지지역은 공익용 산지로서 산지전용이 필요하나, 공익용 산지 해제에 장기간 소요 예상
- 대상지 남측 도시계획도로는 대상지 서측에 개발 추진 중인 무의LK지구 연결 예정

■ 개발가능지 및 여건 분석

- 2040 인천도시기본계획 및 도시계획 조례의 개발가능지 분석 기준을 통하여 개발가능지 확인
- 개발가능지 면적은 22,239㎡이며, 대상지 동남측의 해안 연접 지역에 집중 분포

- 진입도로, 해안변 일정 거리 이격, 해안 방재 등을 고려하면 개발 가능지 면적 축소 예상
- 무의도는 관광자원으로 해수욕장 2개소, 호텔 2개소, 펜션 등이 입지
- 대상지는 얕은 야산과 광명항, 소무의도로 둘러싸여 있어 입지적 장점 보유

3. 개발 컨설팅

■ **도입 기능**
- LK지구와 차별화된 해양휴양지의 특성을 부각시키는 해양복합 관광기능 도입 검토

■ **개발방식 검토**

구분	농어촌 관광휴양단지사업	관광휴양형 지구단위계획	개발행위허가
근거법	「농어촌정비법」	「국토계획법」	「국토계획법」
인허가 기간	단기간	장기간	단기간
개발사례	적음	많음	많음
기부채납	없음	없음	없음
위원회	중구 농어촌 산업정책위원회	인천광역시 도시·건축 공동위원회	중구 도시계획위원회 (일정 면적 이상)
순위	2순위	3순위	1순위

4. 검토 결과

- 대상지 입지여건상 농어촌관광휴양단지사업이 적합하나, 해안가에 입지하여 인허가 기간 장기화 우려
- 인허가 기간을 최소화하기 위해 개발행위허가가 적정한 것으로 판단
- 개발 컨셉에 맞추어 전체적인 마스터플랜을 수립하고, 소규모 개발행위허가를 단계적 개발 추진 적합

관광용지 개발 Q&A

Q&A 1. 관광단지 내 주거용지 개발 가능 여부

질의

「관광진흥법」 제2조제10호의 '지원시설'에 「주택법」 제2조제1호에 따른 주택 등 독립된 거주공간을 제공하는 주거시설이 포함되는 것으로 볼 수 있는지와 「관광진흥법 시행규칙」 별표 19의 '관광지등의 시설지구 안에 설치할 수 있는 시설'에 「주택법」 제2조제1호에 따른 주택 등 독립된 거주공간을 제공하는 주거시설이 포함 여부

회신

「관광진흥법」 제2조제10호의 '지원시설'에 「주택법」 제2조제1호에 따른 주택 등 독립된 거주공간을 제공하는 주거시설이 포함되는 것으로 볼 수 없다고 할 것입니다. 「관광진흥법 시행규칙」 별표 19의 '관광지등의 시설지구 안에 설치할 수 있는 시설'에 「주택법」 제2조제1호에 따른 주택 등 독립된 거주공간을 제공하는 주거시설이 포함되는 것으로 볼 수 없음.

출처: 법제처 질의회신사례(안건번호 14-0029)(회신일자 2014.03.13.)

Q&A 2. 관광단지 지정과 조성계획 동시 인허가 진행 필요여부

질의

가. 시장이 관광단지의 지정신청 및 조성계획의 승인신청을 함께 한 경우 신청을 받은 도지사는 관광단지의 지정 및 조성계획을 동시에 승인받아야 하는지 여부

나. 시장이 관광단지의 지정신청 및 조성계획의 승인신청을 함께 신청을 받은 도지사가 관광단지의 지정에 대해서만 환경부장관에게 협의를 요청하려는 경우 시장은 그 관광단지 지정에 대해 전략환경영향평가를 실시하지 않아도 되는지 여부

회신

가. 도지사는 관광단지의 지정 및 조성계획의 승인을 함께 받지 않아도 됨.

나. 시장은 관광단지 지정에 대해 전략환경영향평가를 실시해야 함.

출처: 법제처 질의회신사례(안건번호 18-0346)(회신일자 2018.10.10.)

Q&A 3. 농어촌 관광휴양단지 내 숙박시설 가능 여부

질의

「농어촌정비법」의 "농어촌 관광휴양단지사업" 중 「관광진흥법」 제3조제1항제2호가목에 따른 호텔업이 「농어촌정비법」 제2조제16호가목의 "휴양 콘도 미니엄 등 숙박시설과 음식 등을 제공하는 사업"에 포함되는지 여부

회신

「관광진흥법」 제3조제1항제2호가목에 따른 호텔업은 「농어촌정비법」 제2조제16호가목의 "휴양 콘도미니엄 등 숙박시설과 음식 등을 제공하는 사업"에 포함됨.

출처: 관광자원 개발 매뉴얼(2017)

Q&A 4. 자연녹지지역 내 콘도사업 여부

질의

자연녹지지역 내 관광숙박업(휴양콘도미니엄업) 시설 가능 여부

회신

「관광진흥법」상 자연녹지지역에서도 관광지 등의 지정 없이 관광숙박시설 건축이 가능함.
동법에 의한 사업계획 승인을 얻은 경우 「국토계획법」에 의한 개발행위허가는 의제 사항임.

출처: 관광자원 개발 매뉴얼(2017)

Q&A 5. 보전산지 내 농어촌휴양관광단지 가능 여부

질의

보전산지 내 농어촌휴양관광단지 조성 가능 여부

회신

임업용 보전산지에서는 「농어촌정비법」에 따라 개발되는 농어촌관광휴양단지 및 관광농원은 3만㎡ 미만으로 가능함.
산악 오토바이 코스와 승마 시설이 「농어촌정비법」상 농어촌관광휴양단지 및 관광농원에 허용되는 시설인 경우 가능함.

출처: 관광자원 개발 매뉴얼(2017)

사전협상제와
용도용적제

지금까지는 대부분의 토지가 미개발된 비시가화지역을 대상으로 다양한 개발방식을 적용하여 토지 가치를 상승시키는 내용을 다루었다.

그렇다면 토지가 대부분 개발된 시가화지역은 어떻게 토지 가치를 높일 수 있을까? 궁금할 것이다. 용도지역 변경, 건축물의 용적률 및 용도 변경, 도시계획시설 변경 등을 통해서 가능하다. 사업시행자의 이익 발생에 대해 체계적이고 합리적인 공공기여가 이루어질 수 있도록 대도시를 중심으로 사전협상제를 도입하고 있다. 이 제도의 주요 내용인 적용 대상과 주요 도시별 공공기여를 살펴보겠다.

토지 가치 상승의 핵심이 되는 용도지역은 용도지역별로 각각의 지정 목적이 있다. 상업지역, 준주거지역, 준공업지역의 목적을 달성하기 위해 주거용도 비율을 제한하는 용도용도제를 함께 알아 둘 필요가 있다.

사전협상제

　사전협상제란 민간이 제안하는 도시계획으로 발생하는 계획이득에 대해 기반시설을 비롯한 다양한 공공기여로 환수하는 제도이다. 사전협상제 적용 대상은 용도지역 변경, 용적률 상향, 도시계획시설의 변경, 폐지, 복합화와 건축물 용도 완화 등이다. 계획 이득의 일정 부분을 환수하여 사업대상지나 해당 지자체 내 필요한 기반시설 등을 확보하는 것이 핵심 내용이다. 용도지역 변경에 대해 공공기여를 제도화하여 민간 제안이 가능하도록 한 것이 특징이다.

　서울시가 2009년에 최초 도입한 이후로 도시계획 결정 권한이 있는 특·광역시와 대도시(인구 50만 이상)를 중심으로 운영 중인 지자체가 꾸준히 증가하고 있다. 인천광역시와 화성시는 도시개발사업, 고양시와 평택시는 비도시지역 지구단위계획을 포함하고 있다. 지자체별로 사전협상제 적용 대상과 공공기여 내용은 차이가 있다. 관련 내용은 필요에 따라 변경될 수 있으므로 사업검토 시점에서 별도 확인이 필요하다.

　사전협상제를 운영하는 수도권 지자체의 적용 대상은 다음 표와 같다.

<수도권 지자체별 사전협상제 적용 대상>

구분	용도지역 변경	그 외
서울특별시 (2022.10)	• 용도지역 간 변경, 용도지역 내 변경 – 5,000㎡ 이상 대규모 유휴부지	• 도시계획시설 폐지, 복합화
인천광역시 (2021.9)	• 용도지역 간 변경 (주거지역→준주거지역 포함) – 5,000㎡ 이상 유휴부지 • 도시개발사업	• 도시계획시설 폐지, 복합화 • 건축 제한(허용용도, 건축물 높이) 등 완화
고양시 (2020.1)	• 용도지역 간 변경, 용도지역 세분·변경 – 도시지역: 5,000㎡ 이상 – 비도시지역: 30,000㎡ 이상	• 도시계획시설 결정, 변경, 폐지, 복합화 • 지구단위계획 허용용도 완화 • 시장이 인정한 경우
성남시 (2022.1)	• 용도지역 간 변경, 용도지역 세분·변경 – 5,000㎡ 이상	• 도시계획시설 결정, 변경, 폐지, 복합화 • 지구단위계획구역 내 10년 이상 미개발된 나대지의 허용용도 완화 • 시장이 인정한 경우
부천시 (2023.1)	• 용도지역 변경	• 행위제한이 완화되는 도시계획시설 결정, 폐지, 복합화 • 행위제한이 완화되는 용도지구의 지정 • 지구단위계획구역 내 10년 이상 미개발된 나대지의 허용용도 완화 • 시장이 인정한 경우
화성시 (2021.1)	• 용도지역 간 변경 – 5,000㎡ 이상 – 공동주택건설 포함 시: 도시지역+동지역, 남양읍, 봉담읍, 향남읍 – 공동주택건설 미포함 시: 도시지역 • 도시개발사업	• 도시계획시설 결정, 변경, 폐지, 복합화 • 지구단위계획구역 내 건축물 허용용도 완화(공동주택 제외) • 행위제한이 완화되는 개발진흥지구의 지정 • 시장이 인정한 경우
평택시 (2021.4)	• 용도지역 간 변경, 용도지역 세분·변경 – 도시지역: 10,000㎡ 이상, – 비도시지역: 30,000㎡ 이상	• 도시계획시설 변경, 폐지, 복합화 • 민간이 제안할 수 있는 도시관리계획에 대하여 제안하는 경우 • 시장이 인정하는 경우

( ): 지자체 사전협상제 지침, 기준의 최신 제·개정일

>
>
> **사전협상제를 운용하지 않는 시·군에서 민간이 토지 가치를 상승시킬 수 있는 방법은 무엇인가요?**
> ▶ 「국토계획법」에 근거하여 민간이 제안할 수 있는 아래의 도시계획 사항을 활용하시면 됩니다.
>   ① 도시계획시설의 설치·정비 또는 개량
>   ② 지구단위계획구역의 지정 및 변경과 지구단위계획의 수립 및 변경
>   ③ 산업·유통개발진흥지구(1~3만㎡)의 지정 및 변경
>   ④ 용도지구 등의 제한을 지구단위계획으로 대체
>   ⑤ 입지규제최소구역의 지정·변경과 입지규제최소구역계획의 수립·변경

사전협상제의 핵심은 공공기여이며, 운용하는 지자체마다 계산식이나 산정 근거가 다르다. 다만 용적률 증가폭이 큰 용도지역으로 변경(예: 자연녹지지역 → 준주거지역)은 공공기여 비율이 커지는 구조이다. 서울특별시와 인천광역시, 고양시에서 적용하는 공공기여에 대한 내용은 아래와 같다.

서울특별시 공공기여율

공공기여 적용 대상은 용도지역 변경과 도시계획시설 폐지(복합화)이다. 공공기여 적용은 도시계획 변경에 따른 토지 가치 상승분의 범위 내이다. 용도지역 변경은 증가되는 용적률의 60%에 해당하

는 토지 가치에 대해 공공기여율을 적용한다. 공공기여 방식에는 공공시설, 기반시설, 공공임대주택, 일반기숙사, 임대형기숙사, 공공임대산업시설, 공공임대상가, 공공임대업무시설과 국토계획법 제52조의 2항(공공시설등의 설치비용 등) 각호의 사업에 필요한 비용이 있다. 공공기여 적용 대상이 중첩되는 경우 공공기여율은 각각의 총량을 합산 후 5%를 감한 비율로 한다.

<용도지역 변경>

변경내용		공공기여율
제2종일반주거지역 (제1종일반주거지역)	⇒ 일반상업지역	45% 내외 (48% 내외)
제3종일반주거지역	⇒ 일반상업지역	40% 내외
준주거지역	⇒ 일반상업지역	30% 내외

<도시계획시설 폐지(복합화)>

시설 결정 당시 변경내용	공공기여율
일반주거지역 ⇒ 일반상업지역	35% 내외
일반주거지역 ⇒ 준주거지역	25% 내외
용도지역 변경 없음	20% 내외

인천광역시 공공기여율

공공기여 적용 대상은 용도지역 변경, 도시계획시설 폐지(복합화), 건축물 높이 제한 완화이다. 용도지역 변경은 증가되는 용적률의 60%에 해당하는 토지 가치에 대해 공공기여율을 적용한다. 공공기여 방식에는 토지 제공, 기반시설 설치, 기반시설 설치비용, 건축물 제공이 있다. 공공기여 적용 대상이 중첩되는 경우 공공기여율은 각각의 총량을 합산 후 5%를 감한 비율로 한다.

<용도지역 변경>

변경내용			공공기여율
자연녹지지역(80%)	⇒	제2종일반주거지역(250%)	41% 내외
자연녹지지역(80%)	⇒	제3종일반주거지역(300%)	44% 내외
제2종일반주거지역(250%)	⇒	일반상업지역(1,000%)	45% 내외
제3종일반주거지역(300%)	⇒	일반상업지역(1,000%)	42% 내외
준주거지역(500%)	⇒	일반상업지역(1,000%)	30% 내외

<도시계획시설 폐지(복합화)>

시설 결정 당시 용도지역 변경 여부	공공기여율
용도지역 변경 없음	20% 내외

<건축물 높이 제한 완화>

공공기여율(%) = (변경용적률 − 기준용적률 / 변경용적률) × 0.6

주) 1. 변경용적률: 완화된 건축물 높이 기준으로 환산한 용적률
　 2. 기준용적률: 기존 지구단위계획 건축물 높이 기준으로 환산한 용적률

고양시 공공기여율

공공기여 적용 대상은 용도지역 변경, 도시계획시설 변경, 지구단위계획 허용용도 완화이다. 용도지역 변경은 증가되는 용적률의 50%에 해당하는 토지 가치에 대해 공공기여율을 적용한다. 공공기여 방식에는 토지 제공, 기반시설 설치, 기반시설 설치비용, 건축물 제공이 있다. 공공기여 적용 대상이 중첩되는 경우 공공기여율은 각각의 총량을 합산 후 5%를 감한 비율로 한다.

<용도지역 변경>

변경내용			공공기여율
자연녹지지역(100%)	⇒	제2종일반주거지역(230%)	29%
제1종일반주거지역(180%)	⇒	제3종일반주거지역(250%)	14%
제1종일반주거지역(180%)	⇒	준주거지역(380%)	27%
제2종일반주거지역(230%)	⇒	준주거지역(380%)	20%

※ 용도지역 변경 시(종상향 포함) 사업의 특수성을 감안하여 산정된 공공기여율의 10% 범위에서 강화(가중치)하여 적용할 수 있음.

<도시계획시설 변경(복합화) 및 허용용도 완화>

시설 결정 당시 용도지역 변경 여부	공공기여율
도시계획시설 결정, 변경, 폐지, 복합화	15%
건축물 허용용도 완화	12.5%

<사전협상제 절차도>

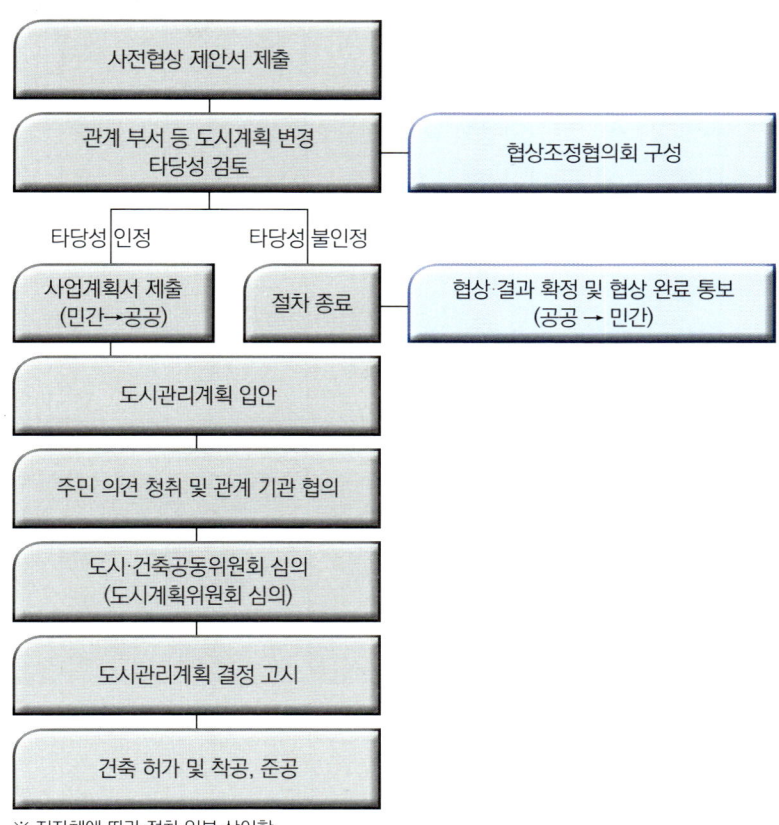

※ 지자체에 따라 절차 일부 상이함

사전협상제 핵심 Point

1. 공공기여 협의가 핵심!
2. 용도 변경 및 용적률 상승으로 개발이익 확보
3. 지자체마다 협의절차, 기준 다름!
4. 사전협상 이후 인허가 행정절차 진행

> **Case** 서울특별시 사전협상

1. 과업 개요
- 위치: 서울특별시 ○○구 일원
- 면적: 26,000㎡
- 도시계획: 제2종일반주거지역, 중요시설물보호지구(항공), 체육시설
- 컨설팅 내용: 체육시설 폐지 후 공동주택단지 개발 가능 여부 검토

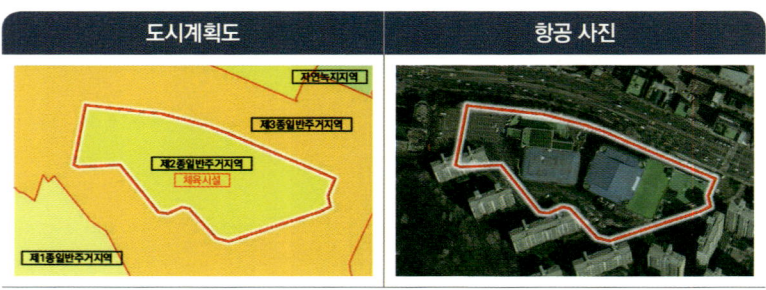

2. 개발 컨설팅

■ **사전협상제 검토**

- 5,000㎡ 이상의 대규모 도시계획시설을 폐지할 경우 사전협상제도 적용 대상
- 「서울특별시 도시계획 변경 사전협상 운영지침」 검토
  - 개발계획(안), 공공기여 계획(안), 개발 영향 검토서 등 제안서 제출 필요

- 용도지역 상향이 없는 경우: 공공기여비율 20%
◦ 「사전협상형 지구단위계획 수립기준」(2018년) 검토
  - 제2종일반주거지역 용적률
    ① 기준용적률: 130%
    ② 허용용적률: 160%
    ③ 상한용적률: 200%

■ 지구단위계획 검토
◦ 서울특별시 공동주택 건립 시 「주택법」에 따른 주택건설사업으로 진행하며 지구단위계획은 의제 처리

3. 검토 결과
◦ 서울특별시 사전협상 제도 담당팀과 유선 협의 결과
  - 사전협상 제도에 따라 제안서를 제출하여 의견 조율 후, '사전협상형 지구단위계획'으로 진행하며, 별도의 용적률 규정 적용
  - 사전협상 절차 완료 후, 「주택법」에 의한 주택건설사업 승인 필요
  - 서울특별시 및 ○○구와 사전 협의 필요

> **Case** 인천광역시 사전협상

1. 과업 개요
- 위치: 인천광역시 ○○동 일원
- 면적: 41,000㎡
- 용도지역: 자연녹지지역
- 컨설팅 내용: 개발 가능한 개발방식 검토

2. 개발 컨설팅
■ **사전협상제도 검토**
- 인천광역시는 도시개발사업 또는 지구단위계획 수립 시 사전협상제도 적용 대상
    - 인천광역시 도시계획과 도시공간전략팀 담당 확인
- 협의 자료

- 개발계획(안) 요약서, 사업계획서(사업타당성 분석 포함), 공공기여계획서, 건축계획서, 각종 영향성 검토서
 ◦ 협의 시기
   - 협상대상지 선정, 세부 내용 협상 후 개별법에 따라 주민 제안 진행
   - 도시기본계획에 기반영되어 있는 시가화예정용지일 경우 개별법에 따라 주민 제안 후 관련 부서 협의와 사전협상 동시 진행 가능한 것으로 인천광역시 도시계획과에서 확인
 ◦ 용도지역 변경, 도시기본계획 변경, 개발계획의 타당성 검토와 공공기여계획 협의 필요

■ 구역계 조정 검토
 ◦ 구역계 정형화를 위해 일부 토지 포함 및 제척
   - 인천광역시청, 중구청 관련기관 협의 및 위원회 심의 시 구역계 정형화 의견 예상

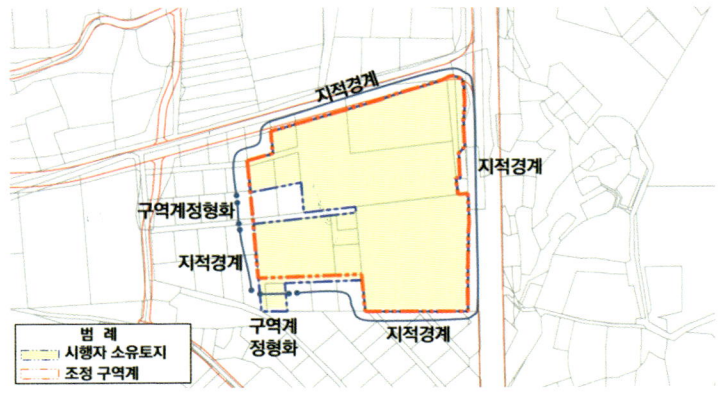

■ 개발방식 검토

구분	도시개발사업	지구단위계획
입안권자	• 중구청장(제안 수용 및 지정신청)	• 중구청장(제안 수용 및 입안)
승인권자	• 인천광역시장(지정권자)	• 인천광역시장(결정권자)
사업기간	• 20개월+α	• 24개월+α
특징	• 토지수용권 있음	• 토지수용권 없음
장점	• 개발계획 수립 시 도시계획위원회 심의로 절차 간소화 • 전략환경영향평가 미대상으로 인허가 기간 단축	• 토지이용계획 변경 용이(용도지역 변경 없을 경우)
단점	• 토지이용계획 변경 시 개발계획 및 실시계획 모두 변경 필요	• 지자체 협의에 따라 선용도지역 변경 후 지구단위계획 수립

3. 검토 결과

◦ 구역 일부 정형화 필요
◦ 대상지는 2040 인천도시기본계획상 시가화예정용지에 기반영되어 주민 제안과 사전협상제도 동시 진행 가능
◦ 개발방식은 용도지역 변경 절차가 상대적으로 용이하며, 인허가 기간이 짧은 도시개발사업이 적합
◦ 사전협상 시 구체적인 기반시설률 부담 검토 필요

현재 용도지역(용적률)	변경 용도지역(용적률)	기부채납 면적 (기반시설)
자연녹지지역(80%)	제2종일반주거지역(250%)	약 16,800㎡(41%)
	제3종일반주거지역(300%)	약 18,000㎡(44%)
	준주거지역(500%)	약 20,600㎡(50.4%)

용도용적제

용도용적제는 상업지역, 준주거지역, 준공업지역의 지정 목적을 달성하기 위해 주거복합건축물의 주거용도 비율에 따라 용적률을 차등 적용하는 제도이다. 「국토계획법」에서는 상업지역 내 주거복합건축물의 공동주택비율은 연면적 90% 미만으로 정하고 있다. 주거복합건축물은 주거비율이 높을수록 개발용적률을 낮추도록 하고 있다. 서울특별시와 인천광역시를 비롯한 경기도 일부 지자체에서 도시계획 조례로 용도용적제를 운영하고 있다.

서울특별시 용도용적제

유통상업지역을 제외한 상업지역과 준공업지역에서 적용하고 있다.

상업지역의 주거용 용적률은 일괄적으로 400% 이하이다. 일반상업지역과 근린상업지역에서 임대주택을 추가 확보할 경우 주거용 용적률을 100~200% 범위 내에서 완화하고 있다. 도시·주택정책 변화에 따라 용도용적제 내용이 자주 바뀌고 있다.

주거복합건축물에 대한 사업검토 시 도시계획 조례의 용도용적제 규정을 확인하고 사업성을 검토할 필요가 있다.

① 상업지역 용도용적제(2020년)

적용 기준	용적률(% 이하)		
	중심상업지역	일반상업지역	근린상업지역
역사도심 외	1,000	800	600
역사도심	800	600	500
주거용 용적률	400	400	400
임대주택 추가 확보 시 주거용 용적률	–	역사도심 외: 600 역사도심: 500	500

② 준공업지역 용도용적제(2021년)

사업구역 내 공장 비율 (2008. 1. 31. 기준)	사업구역 면적 대비 산업 부지 확보 비율
10~20%	10% 이상
20~30%	20% 이상
30~40%	30% 이상
40~50%	40% 이상
50% 이상	50% 이상

- 산업부지에 설치하는 산업시설의 용적률은 공동주택 부지의 용적률 이상
- 사업구역 내 공장 비율이 10% 미만인 경우 미적용
- 종합병원, 학교 설치 시 산업부지 확보 비율을 10% 하향 조정 가능
- LH공사(SH공사)가 공공임대주택을 공급하면서 단독 또는 민간사업자와 공동으로 사업하는 경우 산업부지 확보 비율 상한을 40%까지 완화

인천광역시 용도용적제(2021. 2.)

상업지역과 준주거지역에서 적용하고 있다.

주거복합건축물 중 공동주택, 생활숙박시설, 준주택의 연면적 비율에 따라 용적률을 차등 적용한다. 개별 지구단위계획에서 정한 용적률이 용도용적제에서 정한 용적률보다 낮다고 하더라도 주거용도 연면적 비율은 80%를 초과할 수 없다.

생활숙박 및 주택 등의 연면적 비율	용적률(% 이하)			
	준주거지역	중심상업지역	일반상업지역	근린·유통 상업지역
10% 미만	500	1,300	1,000	700
10~20%	480	1,250	950	650
20~30%	460	1,200	900	600
30~40%	440	1,150	850	550
40~50%	420	1,100	800	500
50~60%	400	1,000	750	450
60~70%	380	950	700	400
70~80%	330	600	510	350
80% 이상	300	500	440	320

부천시 용도용적제(2021. 8.)

유통상업지역을 제외한 상업지역과 준주거지역에서 적용하고 있다.

상업지역은 공동주택 비율에 따라 용적률을 차등 적용한다. 공동주택 연면적 비율을 90% 미만으로 적용하려면 부지 면적, 건폐율, 도로 전면부 이격 조건을 모두 충족해야 한다.

준주거지역은 공동주택, 준주택을 복합건축할 경우 300%를 일괄 적용한다.

공동주택 연면적 비율	용적률(% 이하)		
	중심상업지역	일반상업지역	근린상업지역
30% 미만	1,000	800	600
30 ~ 40%	930	750	570
40 ~ 50%	860	700	540
50 ~ 60%	790	650	510
60 ~ 70%	720	600	480
90% 미만	부지 면적: 2,000㎡ 이상 + 건폐율: 50% 이하 + 도로 전면부: 2m 이상 이격		

안산시 용도용적제(2020. 9.)

유통상업지역을 제외한 상업지역에서 적용하고 있다.

중심상업지역은 500% 이하, 일반상업지역과 근린상업지역은 400% 이하로 주거복합건축물의 상한용적률을 적용한다.

용도지역	용적률	공동주택과 비주거 용도가 복합건축 시 상한용적률
중심상업지역	1,100% 이하	500% 이하
일반상업지역	1,100% 이하	400% 이하
근린상업지역	800% 이하	400% 이하

과천시 용도용적제(2020. 9.)

유통상업지역을 제외한 상업지역에서 적용하고 있다.

공동주택과 오피스텔이 복합건축물에 대하여 용적률을 400% 이하로 일괄 적용한다.

용도지역	용적률	공동주택과 오피스텔 복합건축 시 상한용적률
중심상업지역	1,500% 이하	400% 이하
일반상업지역	1,300% 이하	400% 이하
근린상업지역	900% 이하	400% 이하

용도용적제 핵심 Point

1. 주거비율에 따른 용적률 차등 적용!
2. 지자체별 별도 운용!

서울특별시 용도용적제

1. 과업 개요
- 위치: 서울특별시 ○○구 일원
- 면적: 15,000㎡
- 용도지역: 일반상업지역
- 컨설팅 내용: 판매시설 철거 후 주거복합건축물 개발 가능성 검토

2. 개발 컨설팅
■ 지구단위계획 건축물 용도 변경
- 대상지는 ○○역 주변 특별계획구역으로 별도의 개발계획 수립 필요
- 건축물 용도상 주거복합건축물은 불허용도 확인
- 지구단위계획 변경을 통한 건축물 용도 변경 필요

■ 용적률 검토
- 일반상업지역의 기준 / 허용 / 상한용적률: 400% / 660% / 800%
- 상업지역 내 주거복합건축물 비주거용 비율: 연면적 20% 이상
- 상업지역 내 주거복합건축물 주거용 상한용적률: 400% 이하
- 서울시 도시계획 조례 산식

  ① 주거용: (400% / 800%) × 660% = 330% 이하

  ② 비주거용: 800% × 20% = 160% 이상

  ③ 주거복합건축물 허용용적률: ①+② = 490%

  ④ 주거복합건축물 상한용적률: 490% + 기부채납비율

■ 수도권정비위원회 심의
- 「수도권정비계획법」상 종전 대지에 관한 조치에 근거하여 대지면적 1만㎡ 이상의 개발은 수도권정비위원회 심의 대상

3. 검토 결과
- 대상지는 일반상업지역, 특별계획구역으로 주거복합건축물은 불허용도이므로, 지구단위계획 변경을 통해 건축물 용도 변경 필요
- 해당 지역 상한용적률은 800%로 검토되었으며, 주거복합건축물 용적률은 490%까지 가능
- 수도권정비위원회 심의대상으로 ○○구 도시계획위원회 자문, 주민 공람 공고, 수도권정비위원회 심의(국토교통부), ○○시 도시·건축공동위원회 심의 필요

안산시 용도용적제

1. 과업 개요
- 위치: 안산시 ○○동 일원
- 면적: 27,000㎡
- 용도지역: 일반상업지역
- 컨설팅 내용: 주거복합건축물 개발을 위한 지구단위계획 수립 여부 검토

2. 개발 컨설팅
■ **주거복합건축물 가능 여부 검토**
- 안산시는 상업지역 내 공동주택과 주거용 외의 용도가 복합된 건축물 허용

용도지역	용적률	공동주택과 비주거용도가 복합건축 시 용적률
중심상업지역	1,100% 이하	500% 이하
일반상업지역	1,100% 이하	400% 이하
근린상업지역	800% 이하	400% 이하

■ 지구단위계획 수립 여부 검토
- 안산시는 대상지 인근 상업지역에 대해 지구단위계획을 변경 수립 중에 있으며, 대상지 포함 여부는 시와 협의 필요
- 안산시는 별도의 지구단위계획 수립 지침 없음
- 인근 버스 터미널 등 지구단위계획 3개소 기지정

3. 검토 결과
- 인근 버스터미널 등으로 인해 교통 혼잡 예상에 따른 별도의 이면도로 계획 필요
- 기반시설이 확보되지 않을 경우, 난개발 혹은 개별 건축에 대한 우려가 예상되어 안산시 도시계획과와 사전 협의를 통한 지구단위계획 수립 여부 확인 필요
- 안산시는 주거복합건축물의 용적률을 대폭 하향 조정하므로 이를 고려한 사업성 검토 필요

■ 안산시 주거복합건축물 사례

구분	e편한세상 상록	안산메트로타운 푸르지오힐스테이트	그랑시티 자이1차
위치	안산시 상록구 사동 1423	안산시 단원구 선부동 1177	안산시 상록구 사동 1639-7
개발방식	주택건설사업	도시개발사업	지구단위계획
근거법	「주택법」	「도시개발법」	「국토계획법」
용도지역	일반상업지역	일반상업지역	일반상업지역
부지 면적	7,022.8㎡	42,332.7㎡	122,259.4㎡
건폐율	57%	40% 이하	60% 이하
용적률	1,008%	550% 이하	600% 이하
세대수	559세대	1,600세대	3,728세대
최고 층수	47층	47층	49층
준공일	2019. 12.	2018. 8.	2020. 2.
주요 사항	• 주택건설사업으로 진행되어 도시계획과에서 문제점 검토 • 준공 이후 공실률 문제가 대두되어 일반상업지역 용적률 하향 적용 검토	• 도시개발사업에 따른 용적률 기준 • 별도 방침에 따라 결정된 용적률이 아님	• 최초 컨벤션 센터 입지 예정이었으나, 사업계획 변경에 따라 주거복합건축물 추진 • 안산시는 적정 용적률로 판단

※용도용적제 적용 이전 사례임

사전협상제와 용도용적제 Q&A

Q&A 1. 아파트형공장→주거복합시설

질의

사업자는 지구단위계획상 아파트형 공장 부지에 주거복합시설을 건축하기 위해 지구단위계획 변경을 입안 제안하고자 하며, 변경내용은 건축물 용도(아파트형 공장→주거복합시설) 및 건축물 높이(20층→44층)인데, 이 경우 기반시설 기부채납과 관련하여

가. 「지구단위계획 수립지침」에서 기부채납 총부담은 대상 부지 토지 면적을 기준으로 10~20%(주거·상업·공업지역은 10~15%) 수준에서 결정하도록 하고 있음. 본건의 경우 2개 항목(건축물 용도, 건축물 높이)이 완화되는데, 각 항목별로 적용하여 총 부담 비율의 2배인 20~40% 수준에서 기부채납 비율 적용 가능 여부

나. 사업자가 부지의 일부를 기반시설 부지로 기부채납하면서 용적률 완화를 요구하는 경우 용적률 완화 적용을 지구단위계획 변경 시 의무적으로 반영 여부

> 회신

가. 「지구단위계획 수립지침」에 따르면 기부채납 총부담은 대상 부지 토지 면적을 기준으로 10~20%(주거·상업·공업지역은 10~15%) 수준에서 협의를 통하여 결정하되, 용도지역 변경 등을 수반하는 개발사업의 경우에는 이를 고려하여 최대 25%가 원칙임.

나. 사업자 등이 공공시설 등의 부지를 제공하는 경우라도 반드시 용적률을 완화 적용하여 지구단위계획을 변경할 필요 없음.

출처: 국토교통부 질의회신사례 (안건번호 도시정책과-3974)(회신일자 2017. 4. 24.)

Q&A 2. 상업지역에서 주거복합건물 비율

> 질의

「서울시 도시계획 조례」상 4대문 밖의 일반상업지역 안에서 주거복합건물이 아닌 주거시설(아파트)만 100% 건축 가능 여부

> 회신

일반상업지역 안에서 공동주택은 주거용 이외의 용도가 복합된 건축물로서 공동주택 부분의 면적이 연면적 합계의 90% 미만 범위 안에서 도시계획 조례로 정한 비율 이하로 건축 가능함.

따라서 4대문 밖 일반상업지역 안에서는 공동주택 100%의 건축물은 건축 불가하며, 적용되는 용적률 기준도 없음.

출처: 서울특별시 질의회신사례 (안건번호 도시계획과-7472)(회신일자 2006. 8. 24.)

Q&A 3. 주거지역과 상업지역이 혼재된 지역에서 주거복합건물 비율

질의

주택 재개발사업의 정비구역이 제2종일반주거지역과 일반상업지역에 걸쳐 있는 경우, 일반상업지역에서 건설할 수 있는 공동주택은 「국토계획법 시행령」에 따라 공동주택과 주거용 외의 용도가 복합된 건축물로서 공동주택 부분의 면적이 연면적 합계의 90%(도시계획 조례로 90% 미만의 비율을 정한 경우에는 그 비율) 미만인 공동주택에 한정 여부

회신

일반상업지역에 건설할 수 있는 공동주택은 「국토계획법 시행령」에 따라 공동주택과 주거용 외의 용도가 복합된 건축물로서 공동주택 부분의 면적이 연면적 합계의 90%(도시계획조례로 90% 미만의 비율을 정한 경우에는 그 비율) 미만인 공동주택에 한정함.

출처: 국토교통부 질의회신사례 (안건번호 17-0547)(회신일자 2017. 12. 27.)

주요용어

9	근거법
9	의제
10	지침
10	도시기본계획
10	도시관리계획
11	용도지역·지구·구역
11	도시계획시설
11	기간도로
12	지구단위계획
12	용적률
13	준주택
13	영향평가
14	용어 검색

궁금합니다

48	도시기본계획은 모든 시·군에 수립되어 있나요?
51	도시첨단물류단지의 사업시행자가 설치하는 공공녹지가 「물류시설법」에 근거한 공공기여에 부합하나요?
63	민간은 개발진흥지구를 지정, 제안할 수 없나요?
66	민간이 자연녹지지역에서 아파트 사업을 할 수 있나요?
68	비도시지역에서만 지정하는 지구단위계획구역이 있나요?
74	개발부담금의 근거법과 대상사업의 종류는 무엇인가요?
99	개발사업 방식별 인허가 소요 기간은 왜 다른가요?
111	도시개발사업의 사업시행자 자격요건은 어떻게 되나요?
127	도시개발사업에서 환지방식으로 인허가절차를 진행하다가 여건 변화로 수용사용방식으로 변경하는 경우 기존의 인허가절차를 인정받을 수 있나요?

158	개발제한구역 내에서 산업단지개발이 가능한가요?
163	민간과 공공이 공동으로 물류단지를 개발할 때 수용·사용이 가능한가요?
167	지구단위계획의 인허가권자는 왜 결정권자라고 하나요?
187	관광지와 관광단지와의 차이점은 뭔가요?
192	캠핑장(야영장) 사업을 하고 싶은데 어떤 근거법으로 개발해야 하나요?
219	사전협상제를 운용하지 않는 시·군에서 민간이 토지 가치를 상승시킬 수 있는 방법은 무엇인가요?

신문기사

34	인허가 나기 어려운 땅에 골프장 강행
39	"어디로 가야하죠?" 길 잃은 맹지, 소송 뛰어든 사연
82	진입도로가 없다고?…2,000여 가구를 다 짓고도…
92	남부 50년만의 최악가뭄, 산단 공장 교대로 스톱
100	○○시, 신규 물류단지 반대 입장 표명
101	○○에 또다시 골프장 조성 주민들 반대

Q&A

☐ **주거용지**

151	1. 도시개발구역 지정과 도시·군관리계획 결정(변경)의 병행 추진 가능 여부
152	2. 도시개발구역 지정 해제 시 종전 용도지역 적용
153	3. 구역 지정 제안 시 기반시설 부담 기준
153	4. 지구단위계획으로 용도지구 변경 가능 여부
154	5. 지구단위계획 변경 시 주민 동의의 범위
154	6. 지구단위계획구역 실효 적용
155	7. 주택건설사업 진행 시 지구단위계획 주민 동의 요건 충족 여부

□ 산업(물류)용지

179	1. 산업단지계획의 경미한 변경인 경우 개별법에 따른 심의회·위원회의 변경 심의 해당 여부
180	2. 준공 완료된 물류단지의 토지이용계획을 변경하는 경우 적용 법령 확인 필요
180	3. 지구단위계획구역 내 토지와 인접한 산업단지 내 토지 간 공동 건축 가능 여부
181	4. 계획관리지역에서 공업지역에 허용되는 공장(업종) 입지 가능 여부
182	5. 지구단위계획구역 내 기존 공장 재축 가능 여부

□ 관광용지

212	1. 관광단지 내 주거용지 개발 가능 여부
213	2. 관광단지 지정과 조성계획 동시 인허가 진행 필요여부
214	3. 농어촌 관광휴양단지 내 숙박시설 가능 여부
215	4. 자연녹지지역 내 콘도사업 여부
215	5. 보전산지 내 농어촌휴양관광단지 가능 여부

□ 사전협상제와 용도용적제

239	1. 아파트형공장 → 주거복합시설
240	2. 상업지역에서 주거복합건물 비율
241	3. 주거지역과 상업지역이 혼재된 지역에서 주거복합건물 비율